충동

연출가 김아라의
드라마틱 모놀로그

Impulse 충동

김아라 지음

이라운드

머리말

바다에 섬이 있다. 그 섬에서 바다를 바라보면 당연히 그리워지는 것은 뭍이다. 또한 바다를 보고 살아가는 사람들은 언제나 그 바다를 떠날 자신의 운명을 예감한다. 그래서 바다에서 자란 사람은 늘 떠난다. 불분명하게 미래에 거대한 도시 한가운데 놓여 있으리라는 생각은, 바다를 정원인 듯 내려다보며 자란 어린 김아라가 시달린 예감이었다. 그리고 기회만 닿으면 떠날 준비를 했다. 광주에서 여수로, 여수에서 서울로, 서울에서 미국 위스콘신주로, 위스콘신에서 뉴욕으로, 뉴욕에서 다시 서울로, 서울에서 죽산으로, 죽산에서 다시 서울로, 서울에서 캄보디아로 그리스로…. 출장 같은 여행을 합하면 난 머무르지 않았다. 늘 떠났다.

연극이라는 작업도 떠나는 일이다. 시시각각 나와 나의 생각들, 그리고 내가 믿어왔던 것들로부터 떠나는 일이다. 나는 끊임없이 보따리를 꾸리듯 내가 머물렀던 그 연극의 흔적에서 소멸되기를 열망했다. 나는 나의 충동을 사랑한다. 앞뒤 가늠 없이 어떤 열망에 사로잡히면 무조건 저지른다. 그리고 간다. 가고 나서 돌아본다. 그때서야 나는 그 충동의 시작과 끝을 본다. 그리고 다시 떠난다.

평탄한 길만은 아니었다. 때로 휘어지고 굴곡도 심했으며 벼랑이나 절벽을 만나는 일도 흔했다. 4분의 3박자로 경쾌하게 휘파람 불며 뛰기도

4

했고 비틀거리기도 했고 주저앉기도 했고 넘어지기도 했다. 그러나 이 길들은 돌멩이 하나 걷어차고 불끈 일어나 김아라가 걸었던 길이다. 발끝에 힘을 줘 버티고 벌렁 누워서 하늘에다 긴 숨을 내쉬고 발끈 화를 내기도 웃기도 하며 행진한 기록이다.

천행 같다가도 불쑥 기쁨이 솟았다. 그 기쁨이 훨씬 컸다. 기쁨이. 세상 행복한 일이 나의 무대를 보는 일이고 막이 내리면 수고한 동료를 어깨 툭 치며 뜨겁게 아주 뜨겁게 안아주는 일, 책상의 말라비틀어지는 꽃다발 무덤 아래서 그대들 참 아름답구나 속삭여주는 일, 보따리 싸고 냅다 떠나는 일, 그 모든 시간 안에서 작품을 생각하고 무대를 상상하는 일…. 나는 정말 행복했다. 정말 그랬다. 누구는 열정이라 말하지만 나는 인생이라 말한다. 그냥 그렇게 살았다.

책을 썼지만 인생은, 무대는 책 밖에 있다. 연극은 책 밖의 내 인생이었으므로. 그러나 남겨둔다. 책을 쓰는 일은 우리가 동시대에 함께 살아서, 아직 살아 있어서 책 밖의 내 인생, 내 연극에 초대장을 보내는 일만 같다. 독자들을 관객들을 무대에서 다시 만날 예감에 나는 한없이 설레고 기쁘다.

김아라

차 례

머리말   4

장미문신 1986
  사랑에 관한 단상   11

신더스 1987
  찌꺼기들의 합창   19

독배 1988
  절망의 사중주   27

엘리펀트 맨 1989
  영혼을 부르는 노래   35

에쿠우스 1990
  아스팔트 위의 신화   41

사로잡힌 영혼 1991
  점 하나 속 우주   51

동지섣달 꽃 본 듯이 1991
  광대 예찬   59

숨은 물 1992
  반복과 회전   67

연극실험실 혜화동 1번지 1993~

이곳이 연극 1번지입니다   75

메디아 환타지 1994

장미 정원의 메디아   81

이디푸스와의 여행 1995

끝없는 여행   85

내마 1998

염소들의 합창   91

여기는 죽산 1996~2008

죽산이라는 섬에서   99

오이디푸스 3부작 1996~1998

과거의 제의, 현재의 제의   107

오이디푸스 환타지2   110

안티고네   120

셰익스피어의 4대 비극 1998~2005

인간 리어   125

Lear again in Koenji Public Theater in Japan. 2010   130

햄릿 1999

검은 상복의 햄릿   135

햄릿 프로젝트

혼재된 인간욕망의 불협화음   141

햄릿 2002

구르는 바퀴처럼   147

덫, 햄릿에 관한 명상 2005

덫   151

맥베스 21 2000

듀엣   155

유적지 연작 1 2000~2001

봄날이면 찾아오는 이들을 위한 레퀴엠   161

인간 오셀로 2002

하모니라고 하지   171

유적지 연작 2

한강 프로젝트 〈노래하라 사랑아〉   179

강변에서 보낸 한 해   181

캄보디아 앙코르와트 사원 만다라의 노래 2007

만다라 : 참(眞)을 이룸   191

다시 캄보디아 여행   203

우도 프로젝트. 흙의 정거장 2013

사람이 걷는 꿈   209

침묵극 연작 2009~2021

정거장에서 내리다   217

물의 정거장 2009, 다시 물의 정거장 2021   220

바람의 정거장 2008

질서에 대한 짧은 소묘   225

모래의 정거장 2011

원(圓)   229

페터 한트케 연작 1993, 2019, 2021

우리가 서로 알지 못했던 시간 1993   237

우리가 서로 알 수 없었던 시간 2019   245

우리가 서로 알 수 없었던 시간 2021   251

WE & WE? 2023

WE라는 공동체, 위선이라는 또 하나의 이름   265

카텔란   267

그 외 김아라의 작업들   272

에필로그   274

✦

장미문신
1986

몸에 새긴 문신은 지워지지 않는다.

살 속을 파고드는 바늘의 행로를 따라 물감이 살 속으로 스며든다.

그것이 여물면 도려내지 않는 한 지워지지 않는다.

문신과 같은 사랑을 간직한 우리의 주인공 세라피나의 시계는

인생의 어느 한 지점에서 멈춰버렸다. 사랑하는 사람이 떠난 그날,

바로 그 순간에, 달이 가고 해가 간다.

그러나 그녀의 세포 속에 각인된 그 진한 사랑의 문신은 바랠 줄도 모른다.

그녀는 언젠가 남편이 선물한 장미 한 다발을 화병에 꽂았다.

그 향기만큼 진한 남편의 숨결과 장미의 붉은 꽃잎 새겨진 가슴의 장미문신을

지독하게 사랑한 어느 날, 그녀는 그를 잃었다.

그날 이후 붉은 장미, 정염의 꽃, 열정의 그 꽃은

그렇게 그녀의 영혼과 함께 말라비틀어진다.

그녀는 그를 위해서 존재했다.

그녀의 가슴은 그를 향해서만 뛰었고

그녀의 육체는 그를 위해서만 달아올랐다.

더 이상의 말이 필요 없었다.

그녀는 그를 사랑했다.

사랑에 관한 단상

인간의 본질 중 사랑만큼 영웅적인 것은 없다. 모든 것은 퇴색하고 소멸하지만
사랑은 사랑이 아닌 것을 결단코 이겨내리라.

로렌스 반 데어 포스트

한여름의 열기와 함께 시실리아 민요가 촉촉이, 뉴올리언즈와 모빌사이의 해안지방, 탁하고 거칠고 끈적이는 피를 가진 이탈리안의 후예들이 둥지를 틀고 있는 그곳에 흐르고 있다. 어느 골목길 한편에서 큰 눈망울, 검은 머리카락, 육중한 몸매 속에 정열을 감춘 세라피나가 재봉틀을 돌리고 있다. 화병에는 몇 년쯤 되었을까, 화석처럼 말라비틀어진 장미 다발이 그대로 담겨 있다. 빛이 새들어오지 않도록 틈새를 꼭꼭 틀어막은 집 안에 짐승처럼 웅크리고 앉아 세라피나는 밤낮으로 재봉틀을 돌린다.

사랑하는 남편의 돌연한 죽음 — 자신에게 주어진 그 어느 날의 불운으로 이 여자의 시계는 멈춰버렸다. 자신의 불운을 감당하는 방법을 몰라 이 여자는 화병의 장미 다발처럼 그대로 화석이 되어버리기를 원한다. 그녀는 열심히 재봉틀을 돌려 다른 여자들의 아름다운 옷을 만

들 뿐이다. 그 앉은 자리에서 낮이 가고 밤이 간다. 앉은 채로 몸무게만 늘어난다. 그녀의 가슴에는 죽은 남편의 황홀한 몸, 가슴에 새겨진 장미 문신에 대한 기억만이 있다.

그녀에게 장미문신은 사랑의 결정체이며 절대 신앙의 상징이다. 그런데 생전의 남편에게 정부가 있었다는 사실을 알게 된 미망인은 절 망한다. 그녀는 스스로 남편의 유골함을 깨고 바람에 흩어지는 골분을 바라본다. 그런 그녀에게 한 트럭 운전사가 나타난다. 우연이지만 그의 가슴에도 장미문신이 새겨져 있다. 그녀의 상처받은 영혼은 남편의 그 것처럼 가슴에 장미문신을 새기고 나타난 선량하고 불우한 청년 알바 로에게로 날아간다. 유골함을 부수고 갇힌 영혼을 하늘로 날려 보내라 고 외치는 그 남자를 향해 그녀의 오랜 침묵은 끝난다. 그리고 그녀의 마지막 대사는 서글프게 그러나 격정적으로 창밖의 전봇대에 매달린 남자를 향해 날아간다.

"나도 당신을 사랑해."

〈장미문신〉은 1950년 테네시 윌리엄스가 쓴 3막 3장의 사실주의 장막 희곡이다. 이 희곡을 각색하여 13개의 장면으로 재구성한 나의 무 대는 문예회관 소극장 삼면 객석의 돌출무대로, 모든 사실적 묘사를 지 운 채 성모상 하나, 화병 하나, 재봉틀이 놓인 테이블 하나만 놓여 있는 무대였다. 장막극을 소극장에서, 그것도 사실주의 작품을 미니멀리즘 기법으로 단순화·상징화 한 것은 일련의 사건이었다. 이 같은 절제 속 에서 테네시 윌리엄스 특유의 시적이고 육감적인 언어는 빛났다. 그의 작품에는 욕망, 섹스, 폭력, 이상심리들이 난무한다. 그는 어두움을 통해 빛을 역설한다. 열대식물처럼 붉고 푸른 열망이 가득 담긴 그의 언어는 유혹적이다. 도피증과 죄의식, 성적 갈등에 둘러싸여 마약과 섹스에 탐닉했던 그의 인생이 그랬던 것처럼.

지금으로부터 37년 전의 일이다. 〈장미문신〉을 시작으로 최근 리움미술관에서 공연한 〈WE & WE?〉까지 대략 60편의 작품을 연출했다. 엄청나게 많은 일을 한 것 같은데 작품 편수는 그다지 많지 않다. 그러나 감히 말하건대, 나는 내 작품 하나하나에 내 인생을 건 듯 최선을 다했다. 마음이 동하지 않으면 꼼짝도 안했고, 충동이 일어나면 그대로 미쳐서 달려갔다. 37년이란 시간이 지나고 난 후 내 인생에는 60편의 연극을 만들었던 추억이 남아 있을 뿐이다. 막이 내리면 내 연극은 사라진다.

허물고 짓기를 반복하는 생, 나를 허물고 나를 지었다. 무대라는 영혼의 집. 그러기에 덴마크, 독일, 일본, 그리스, 죽산, 서울, 제주, 광주, 경주, 캄보디아를 돌아다니며 나는 아직 어디에도 안착하지 못했다. 영락없이 연극이라는 세상 속을 끊임없이 여행하는 방랑자의 모습이다. 꽉 막힌 공간에서 야외극장으로 그리고 유적지로 흐르는 시간과 함께 놀이터도 바뀌었다. 그러나 그 어디에서나 날 기다리는 관객이 있다. 세상과의 이야기가 있다. 그것이면 되었다.

일탈의 꿈. 연극은 어떤 세계를 꿈꾸는 자들만의 것이다.

현실 속에서 그 현실과 유리된 그 어떤 세상을 이루려는 원대한 꿈을 가진 자들의 것이다. 사면이 꽉 막힌 공간, 그러나 그 공간은 바라보는 사람의 심연만큼 깊고 넓다. 무한한 상상의 바다를 간직한 자에게 그것은 망망대해다. 그러나 갇힌 자에게는 한 평 남짓의 감옥이 되기도 한다. ✛

언젠가 연습장에서 의자 하나에 스탠드를 밝히고 모든 전등을 껐다. 그리고 오랫동안 그것만을 바라보고 앉아 있었다. 시간이 흐르면 고체인 물질과 형태는 사라진다. 그것은 춤추는 발레리나 같기도 하고 누군가의 부재를 알리기도 한다. 의자 한 개와 함께 나의 심상은 연속적으로 변화한다. 그 변화는 예측불허의 공간 속으로 나를 이동시킨다. 그리고 수많은 밀어를 속삭인다. 그러나 그것은 단지 의자일 뿐이다. 그 의자를 통해 내가 만난 것은 나의 내면에 존재하고 있는 많은 이야기들이다. 기실 내 안에 있는 형태와 색감과 질감과 부피를 여행하는 일이다. 미니멀리즘의 세계는 없는 것이 아니라 이렇듯 무수히 존재하는 것이다. 단, 눈에 보이지 않는 내재율의 세계인 것이다.

내가 미니멀리즘의 세계를 만난 것은 1983년 이상남 화가의 화실이었다. 흰 캔버스를 흰색으로 덧칠하고 알 수 없는 도형 하나를 캔버스 귀퉁이에 그려 넣은 그림 하나를 보는 순간 깨달음이 왔다. 모던한 유화였지만 내게 그것은 선의 경지로 다가왔다. 여백이 주는 무한한 상상력과 만다라 같기도 혹은 뫼비우스의 띠 같기도 한 작은 모형의 응집된 에너지에 나는 사로잡혔다. 나의 미니멀리즘의 시작은 이러했다.

나는 세라피나의 창가에서 새어나온 한 줄기 햇빛을 바라본다. 오랫동안 굳게 닫힌 커튼 틈 사이로 한 줄기 햇빛이 비집고 들어오는 것을 바라본다. 절망이라는 단어가 무색할 정도로 두꺼운 절망이 한 줄기 빛 속에서 노출된다. 그 빛의 끝자락에 그녀가 가끔씩 망연자실 바라보는 마리아 상이 있다. 그 마리아 상이 그녀의 절망을 한층 부추긴다. 절망하기 위하여 그녀는 그 마리아 상을 바라보는 것이다. 화석이 되어버린 화병의 장미다발, 그러나 그녀는 그것을 차마 치우지 못한다. 그녀의 사랑을 증명하는 것은 오로지 그것밖에 없기 때문이다. 빛은 어둠을 밝히기 위해서만 존재하는 것이 아니다. 빛은 속삭인다. 무대 위의 빛은.

나를 발견하려는 몸짓, 나를 완성하려는 몸짓, 내가 꿈꾸는 어떤 세상을 빈 공간에 채우려는 몸짓은 연극을 하는 모든 사람의 공통된 염원이다. 그래서 연극은 방랑자의 것이며 구도자의 것이다. 이 세상을 거꾸로 바라보기도 하고 네모로 세모로 혹은 말았다가 펴 보기도 하는 자유로운 사람들의 것이다. 내 식대로 내 세상을 만들어가는 원대한 꿈을 관객은 사랑한다. 일상의 삶에 지친 영혼들은 극장 안에서 그 일탈의 여행을 함께 하고 싶은 것이다. 잃어버린 자아를 함께 찾아가는 여행, 함께 살아가는 세상에 대하여 공유할 사색의 공간을 그들은 열망한다. 빛과 어둠이 주는 그 질감과 조형과 그림자 속에서 인간의 생명력이 숨쉬고 활동하는 그 내밀한 원초적 세계를 관객은 갈망한다. 현대문명이 발달하면 할수록 연극이 살아남을 수 있는 이유가 바로 그것이다. 실용적인 것으로부터 탈출해서 쓸모없는 인간의 숨소리가 듣고 싶은 것이다.

나는 오늘도 깊고 그윽한 눈으로, 맑고 투명한 눈빛으로, 선과 예지의 빛남으로 그리고 솔직함과 당당함의 기개로 세상을 바라보는 다락방의 몽상가를 기다린다. 그의 걸음걸이는 어색하고 어눌할지 모른다. 그는 어디서나 평범하여 드러나지 않을지도 모른다. 세상의 행운이 모두 그의 곁을 비껴가고 그는 험상궂은 얼굴로 거칠게 숨을 몰아쉬고 있을지도 모른다. 그러나 그의 꿈은 원대하다. 새로운 자신만의 세상을 건설하려는 그의 꿈은.

〈장미문신〉, 이정희

✦

신더스
1987

그들은 알고 있다.
남성에 의해 선택되는 자의 운명을.
그들이 원하는 주문형 캐릭터를 생산해 내야
여자는 미덕이라 불리는 훈장을 찬다.
여성을 상품화하는 세상에 상품가치를 인정받는 일은
남성이 원하는 여성성을 강조해야 한다.
가슴에 실리콘 덩어리를 집어넣는 일이 급선무인 것이다.

찌꺼기들의 합창

  폴란드 태생인 작가 야누쉬 그와바츠는 휴머니즘을 바탕으로 체제와 모순에 대항하였고 자신의 목숨을 담보로 항거의 필력을 과시했던 작가 중 한 사람이다. 폴란드인으로 태어나 결국 폴란드인으로 남아 있을 수 없는 현실을 절감한 그는 1983년 미국으로 망명하기까지 소설가로서 시나리오 작가로서 희곡작가로서 전체주의 사회의 독재성과 한 인간의 절대적 우상화로 빚어지는 인권 상실의 문제를 놓고 치열한 생존의 싸움을 벌여왔다.

  〈신더스 Cinders〉('타고 남은 찌꺼기들'이라는 뜻)는 그의 대표 희곡으로, 갱생원이라는 정부 관할 조직체를 배경으로 한다. 폴란드 정부의 독재가 작가 개인 내지는 국민에게 가하는 인권유린의 작태를 우화적으로 표현한 걸작이다. 피해자건 가해자건 모두가 썩어버린 사회, 정의로운 자는 결국 소멸하거나 추방당하는 절망적인 현실을 놓고 그 모두를 찌꺼기들로 비하한 작가의 항변이 어처구니없는 웃음을 유발한다.

'찌꺼기들'이라는 제목이 시사하듯 작품 속에는 크게 두 가지 유형의 찌꺼기들이 등장한다. 하나는 무혈의 폭력을 상징하는 교도관이다. 그의 모습은 조직에 세뇌된 가해자의 모습으로 설정되었다. 또 하나는 자유의지나 선택의 여지를 거세당한, 그래서 끊임없이 유죄판결을 받아야 하는 무력한 찌꺼기들(소녀 죄수)의 모습이다.

바르샤바의 한 갱생원, 원생들이 연극 〈신데렐라〉를 만든다. 한 영화감독이 이 연극을 만드는 과정을 다큐필름으로 담아 오버하우젠 영화제에 출품하려는 야심을 품고 찾아온다. 그는 정부로부터 막강한 보조를 받고 있는 유명한 영화감독이다. 교도관은 그에게 적극 협조하고 대부분의 원생들도 순응한다. 그렇지 않으면 어떤 일이 벌어질지 모른다. 그들은 이미 갱생원에서 암암리에 벌어지는 체벌이 두렵다. 그런데 유독 신데렐라 역을 맡은 소녀만 비협조적이다.

이 소녀는 원생들의 인기를 독차지했다. 밤마다 비밀스럽게 들려주는 이 소녀의 아름다운 사랑 이야기에 흠뻑 빠져 있기 때문이다. 원생들은 갈등한다. 교도관을 따를 것인가, 아니면 친구를 두둔할 것인가. 결국 그들은 교도관 편이 되어버린다. 옳고 그름을 따지기보다 자신들의 잇속을 챙긴 것이다. 동료들에게서조차 배신당한 신데렐라의 파멸은 자해로 이어진다. 그녀는 외친다.

"자, 어서 영화를 찍으세요. 당신이 원하는 건 이 피가 아니었던가요?"

타협이냐 투쟁이냐. 극단의 선택만 주어진 절망의 역학관계를 통해 휴머니즘에 대한 절대성을 인식시키려는 작가의 계산은 과히 성공적이다. 절망을 웃음으로 극복하려는 작가의 기지나 사상이 상황극 형식의 탄탄한 구성을 토대로 유감없이 발휘된 수작이다.

신데렐라는 불쌍하다. 못된 계모와 못난이 두 언니의 구박 때문이다. 신데렐라의 미덕은 반항할 줄 모르는 천사표 아가씨라는 데 있다. 구석에 처박혀 울고 계모가 하라는 대로 하는 순종파 여성이다. 동서고금을 막론하고 순종하는 여성의 미덕만큼 아름다운 것이 없다는 그런 이야기다.

신데렐라는 예쁘다. 누더기 옷에 헤진 신발을 신어도 그림 동화집에서 보는 그녀의 미모는 빼어나다. 예쁘지 않은 여주인공을 본 적이 있던가? 우선 예뻐야 한다. 그래야 우리의 동정도 한층 타당해진다. 그녀는 항상 계모의 구박을 견디면서 혼자 운다.

게다가 눈물이라니…. 남자는 눈물 많은 여자를 사랑한다. 눈물만큼 여성의 약한 의지를 표현하거나 고결한 마음을 상징하는 도구는 없다. 우는 여자, 얼마나 예쁜가! 강한 남자를 때려눕히는 무기 중에 눈물만 한 게 어디 있겠는가! 웬만한 여자는 다 안다.

신데렐라는 가냘프기까지 하다. 힘 자랑하는 남자치고 가냘픈 여자를 싫어하지 않는다. 왜냐고? 마음 놓고 힘 자랑할 상대가 가냘픈 여자라면 안성맞춤이다. 가냘픈 여자는 보호 본능을 자극하고 남자들은 이런 여자들을 통해서 자신의 존재 가치를 확인한다. 가냘프고 예쁘고 불쌍하고 잘 울고 순종하는 여자, 시대와 국적을 초월해 사랑받을 모든 조건을 완비한 우리의 여주인공 신데렐라. 여성의 상품화가 사회악으로 대두되는 21세기 대한민국의 신데렐라들을 보라. 하나같이 그 규격에 맞추느라 다이어트에 성형수술에 의상 코디에 여념이 없는 신데렐라 증후군 환자들 말이다.

그들은 알고 있다. 남성에 의해 선택되어지는 자의 운명. 그들이 원하는 주문형 캐릭터를 생산해 내야 여자는 미덕이라 불리는 훈장을 찬다. 여성을 상품화하는 세상에 상품가치를 인정받는 일은 남성이 원하는 여성성을 강조해야 한다. 가슴에 실리콘 덩어리를 집어넣는 일이 급선무인 것이다.

〈신더스〉는 남성이 지배하는 사회에서 여성의 몰락을 빗대어 독재 속에서 몰락하는 민중을 패러디한다. 갱생원에서 하는 연극이 고작 〈신데렐라〉다. 얼마나 아이러니한가. 그들은 약자 같아 보이지만 사실은 우매하다. 진정한 갱생의 기미가 보이지 않는다. 그들은 신데렐라 역할을 맡은 소녀가 밤마다 들려주는 진짜 〈신데렐라〉 같은 이야기에 발광한다. 스스로 인간으로서의 존엄을 포기하고 길들여지는 것에 익숙해진 민중, 섬뜩한 진실이지만 길들여진 그들의 칼은 지배자가 아닌 깨어 있는 동료에게 향한다. 무서운 일이다.

영리한 신데렐라 역의 소녀는 그것을 안다. 저항해 보지만 파멸할 미래를 안다. 자신들의 우매함을 교묘히 활용해 성공하려는 영화감독의 야심도 안다. 그가 흥미를 갖는 것은 인간이 아니라 자신들의 불행이며 그 불행을 멋진 영화의 소재 정도로 생각한다는 것을. 아는 자의 불행, 용기 있는 자의 불행이다. 결국 그녀는 동료들의 칼끝에 멈춘다.

신더스는 타다 남은 재, 찌꺼기들을 의미하며 신데렐라의 어원이기도 하다. 재투성이 아가씨 신데렐라를 재판하는 연극, 그 안에는 전체주의 사회에 저항하는 작가의 의지가 숨어 있다. 결국 검열과 구속의 딜레마를 피해 그는 미국으로 망명했다. 행여 그가 거대한 자유와 개방을 누리는 서구 사회에서 미국식 〈신데렐라〉에 회의를 느끼고 있지나 않은지 걱정이다. 〈플레이보이〉 잡지, 〈백만장자와의 결혼 쇼〉 프로그램, 〈프리티 우먼〉 같은 영화를 보면서 말이다. 집단 이기주의를 떠나 천민자본주의를 만난 그의 소회가 궁금하다.

아동심리학자인 부르노 베틀헤임의 체험수기 〈조이: 기계 소년〉이라는 글을 읽은 적이 있다. 부르노의 특수아동교육학교에 맡겨진 아홉 살 소년의 얘기다. 아이는 자신이 다리미나 라디오처럼 플러그를 통한 전류에 의해 충전된 에너지로 행동한다고 철저히 믿고 있었다. 아이

〈신더스〉

는 공작으로 상상의 플러그를 꽂아 상상의 전류를 확인해야만 먹고 마시고 잠을 자고 놀 수 있었다. 자신을 엄마의 자궁으로부터 탄생한 생명체가 아니라 어떤 기계에 의해서 조립되어진 전자제품쯤으로 취급하고 있는 것이다.

공작시간의 일이었다. 끼워 맞춰 형태를 완성하는 퍼즐게임을 하던 중 퍼즐이 어느 순간 와르르 무너지자 아이는 손의 기계적 성능이 다했다고 마구 자해행위를 해댔다. 그러다 우연히 쇳덩어리에 부딪혀 머리를 다쳤다. 그 아이는 쇳덩어리를 마구 발길로 차대면서 "부서져라, 부서져라" 하고 소리를 질렀다. 그러나 쇳덩어리는 꿈쩍도 하지 않았다.

상처를 입을까 두려워하던 선생이 소년을 말리자, 소년은 외쳐댔다. "이것 보세요. 쇳덩어리가 사람보다 낫다는 걸 이 일이 증명하잖아요?" 소년은 감정이나 영혼까지도 리모트 컨트롤에 의해 조작된 것이라고 믿는다. 기계에 길들여져 있었으므로.

이념이 관계를 지배하는 시대에 살고 있다. 좌, 우로 나뉘어 극단적인 대립이 사회의 전반적인 분위기다. 어제의 친구를 의심하고 어제의 친구를 배척하는 일이 다반사다. 그러면서 기실 우리는 각자 개인주의로 추락 중이다. 고독과 소외를 말하면서 집단을 그리워한다. 결국 대부분의 우리는 이념의 울타리를 포기하지 못한다. 오른쪽? 아니면 왼쪽? 우리는 기계 소년 조이처럼 전기 콘센트에 자신을 연결시키고 거수기 역할을 수행하는 것은 아닌가? 우리의 칼끝은 과연 어디로 향하고 있는가?

신념을 가진 이의 침묵과 조용한 행동을 사랑한다. 이 세상이 상생과 평화에 이를 때까지.

대학에 강의를 나간 적이 있었다. 첫 강의시간이다. 학생들 대부분이 책상 위에 노트북을 꺼내놓고 내 강의 내용을 컴퓨터에 열심히 기록하고 있었다. 내가 잠시 강의를 멈췄다.

"자, 들어봐. 내가 하는 소리는 전부 헛소리야. 한 귀로 듣고 한 귀로 흘려보내도 돼. 왜냐, 예술은 결국 자신과의 싸움이고 자신의 언어를 창조해야 하는 일이니까. 지금부터 컴퓨터를 모두 덮는다."

심드렁한 표정으로 학생들이 노트북을 덮었다.

"자, 모두 동그랗게 모여 앉는다. 그리고 날 봐라. 난 오늘 너희들을 처음 만난대서 옷을 세 번 갈아입었고 화장도 30분이나 했다. 그런 내 얼굴을 봐주지 않으면 화나지."

그제서야 학생들이 웃는다. 멋쩍게.

"연극이 뭐냐? 인간을 그 소재로, 주제로 한 것이다. LESSON 1. 인간에게 주는 시선에 대해서 강의한다. 내 모습 그대로를 바탕으로 나를 분석해 봐!"

그들은 나를 바라보았고 말하기 시작했으며 진지해졌고 진솔해지기 시작했다.

연애하듯이, 사랑하듯이 눈을 맞춰서 일어난 일이다.

✦

독배
1988

이윽고 독이 퍼져 쿵쾅쿵쾅 뛰는
심장 소리가 귀에 들려오고
그것은 내 발작에 멋진 반주가 된다.
껍데기뿐인 말들이 떠다니고
빈 웃음들이 더욱 세차게 웃어댄다.
순종과 굴복을 기다리는 어른들이
그리고 관념들이 쇠사슬처럼
몸을 조여오기도 한다.

숱한 위정자들의 거짓 약속들이,
수많은 실종과 인권 유린이
그리고 애꿎은 주검들이
행렬을 이루고 찾아오기도 한다.
그러다 세상을 이기려는 로맨티스트들의
달콤한 연가가 한없이 무기력해지면
이윽고 나는 절망에 몸을 떤다.
몸이 차가워지면 알코올을 감당하지 못한 육신이
고통스러울 것을 아는 나는 잠자리에 든다.
그리고 꿈을 꾼다.

절망의 사중주

희곡 〈독배〉는 작가 정복근이 1981년에 완성한 작품이다. 전쟁을 겪고 4·19, 5·16 그리고 오늘의 사회적 혼란을 경험한 세대들의 가치관 혼란과 시대악 속에서 파괴되어가는 개인의 문제를 작가는 투명한 의식으로 들여다본다. 근로자 대표인 성재와 기업주인 기정이 벌이는 노사 간의 협상 테이블, 두 사람의 언쟁이 계속되는 가운데 언뜻언뜻 나타나는 친구 관수와 아내와 어머니.

4·19혁명을 통해 불구가 됐으나 집단적인 힘 속에서 인간의 왜소함을 벗고 자유로워졌다는 관수의 이상향. 전쟁의 피비린내, 가난의 굴욕, 혁명에 의한 부단한 개인의 희생에 이력이 난 기정의 현실감. 아버지의 죽음으로 이미 소멸되어버린 가족의 자존심에 매달려 정신적 붕괴로 치닫는 기정의 아내, 이 모든 절망을 외면한 채 쾌락을 선택한 어머니. 나는 그 네 사람의 대사를 모놀로그화시키고 무대 위에 돌림노래

처럼 펼쳐 놓았다.

시대의 불협화음과 아이러니를 윤창으로 풀어냈다. 움직임 없이 네 배우가 한 위치에 고정하여 현실과 비현실, 과거와 현재를 넘나드는 대사를 음악적으로 연주하던 언어의 실험극이다.

"모놀로그, 독백은 뱉어내는 말이 아닙니다. 자신에게 들려주는 이야기지요. 자, 관객에게 말하지 말고 스스로에게 말해 주세요."라고 배우들에게 주문했다. 많은 디렉션이 생각나지만 난 아직도 내가 한 이 디렉션이 자랑스럽다. 드디어 배우의 아름다운 모놀로그를 들을 수 있는 기회의 문을 활짝 연 까닭이다.

말라비틀어진 장미다발을 멀리서 바라본다. 바흐가 제격이다. 그의 브란덴부르크 협주곡을 올려놓는다. 촛불을 밝히고 텅 빈 거실 한 구석에 작게 쭈그리고 앉는다. 그리고 예쁜 유리잔에 꼬냑을 붓는다. 겨울이면 벽난로에 불을 지피고 타닥타닥 불똥 튀는 소리를 곁들인다. 달빛이 환해도 좋고 비가 와도 좋다. 마음이 어둡고 산란할 때 혼자 치르는 의식이다.

나는 술을 마시지 못한다. 그래서 모든 술잔은 나에게 독배다. 분위기도 좋지만 사실은 생리적인 이유로 꼬냑이나 위스키를 조금씩 마시며 간을 길들인다. 간에서 알코올을 분해시키는 효소가 자체 생성되지 않는다는 것이 의학적인 단서이다.

꼬냑. 주둥이가 넓고 얕은 유리잔에 조금 부어서 두 손바닥으로 잔을 데우며 두 시간에 걸쳐서 마셔야 제격인 술이다. 아주 조금 입술을 적시고 혀끝에 머금어 향과 기운을 다스려야 한다. 그러고 나면 식도를 타고 내려가는 그 열기에 소름끼치는 희열이 찾아온다. 음미라는 아주 유혹적이고 호사스런 낱말이 코냑과는 천생연분이다.

술을 대하는 예의와 규율을 지켜나가다 보면 어느덧 마음도 정리된다. 잡념이 지나쳐서 휴지조각이 돼버린 듯 꾸질꾸질하기 그지없는 날, 나는 어김없이 술병을 찾아 들었다. 코냑 한 잔의 독이면 충분하다. 나는 그 정도의 독이면 머리카락을 움켜쥐고 금방 도망쳐 나온 도시의 소음에 대하여 혼자 마음 놓고 분개할 용기가 생긴다. 이상주의자의 가슴으로 세상을 껴안으려는 태도가 위선처럼 느껴지면서 나는 대담하게 이모저모 현실을 개탄하기 시작한다. 당장 눈앞에서 벌어지는 부당함과 불이익들에 대해서, 모순과 허위들에 대해서 나는 혼자 분개한다.

이윽고 독이 퍼져 쿵쾅쿵쾅 뛰는 심장 소리가 귀에 들려오고 그것은 내 발작에 멋진 반주가 된다. 껍데기뿐인 말들이 떠다니고 빈 웃음들이 더욱 세차게 웃어댄다. 순종과 굴복을 기다리는 어른들이 그리고 관념들이 쇠사슬처럼 몸을 조여오기도 한다. 숱한 위정자들의 거짓 약속들이, 수많은 폭력과 인권유린이, 그리고 애꿎은 죽음들이 행렬을 이루어 찾아오기도 한다. 나는 세상을 이기려는 로맨티스트다. 그리하여 때로 나는 절망한다. 이윽고 몸이 차가워지면 알코올을 감당하지 못한 육신이 고통스러울 것을 아는 나는 잠자리에 든다. 그리고 꿈을 꾼다.

돌림노래처럼, 무의식을 떠다니는 수많은 사람들의 윤창이 들려온다. 사실은 비명이지만 소리 내지르기가 금지된 세상에서 살아남는 방법은 숨죽여 노래 부르기다. 만삭의 여자가 넘어질 듯 비틀거리면서도 꿋꿋이 버티고 서서 행방불명된 오빠를 찾아 나섰던 그날의 절망을 노래한다.

유난히 햇빛이 고운 4월. 화약 냄새와 피 냄새가 섞여 알 수 없는 비릿함으로 가득 찬 도시의 한 골목길. 도망치고 도망쳐도 죽을 때까지 쫓아오는 그 4월의 핏빛 절망을 여자는 숨죽여 노래한다. 그 거리에서 자신의 다리를 관통한 총알 때문에 불구가 되어버린 혁명의 주역은 길바닥에 내팽개쳐진 휴지조각처럼 죽어 잊혀버린 4월의 친구들을 곱게 다독여줄 양으로 휠체어에 앉아 속삭인다. 일치단결한 집단의 힘으로 우리는 인간의 왜소함을 벗어 던지지 않았느냐며 끝나버린 이상의 한 자락을 붙들고 내내 노래를 한다.

그래서 얻은 것이 뭐냐? 개인의 희생, 가난이라는 굴욕, 개만도 못한 취급을 받는 치욕을 분노하며 힘을 부르짖는 한 현실주의자가 분노에 찬 노래를 부른다. 이래도 한 세상 저래도 한 세상, 그저 부끄러운 세상을 살아가는 데는 술이 최고라면서 술 취한 흥얼거림도 들려온다. 노세 노세, 젊어서 노세. 죽으면 그만일 목숨 뭐 그리 안타까워 지랄들 이냐면서 여자를 끼고 춤추는 쾌락주의자의 흥겨운 노랫소리도 들려온다. 21세기의 한국, 몇십 년을 이어오는 불의와 정의의 싸움 그리고 그 속에서 이렇듯 수없이 갈라지는 이념의 사생아들이 저마다 노래를 부르는 꿈이다.

아주 가난한 남자가 있었다. 어려운 상황에서 성장한 그는 가난의 아픔을 안다. 그래서 그는 자신처럼 가난하고 핍박받는 사람들이라면

30

무조건 온정을 베풀었다. 그가 살아온 험악한 세월에서 그는 난폭해지기보다 순응하고 그 현실을 애써 사랑하려는 태도를 배웠다. 누군가 도움이 필요하면 제일 먼저 앞장을 서서 달려갔다. 그의 마음 씀씀이는 워낙 착해 많은 사람들이 그를 신뢰하고 사랑했다. 물질이 아니라 마음이 필요한 곳에 항상 그가 있었으므로 사람들은 친구가 필요할 때 늘 그를 찾았다. 그는 정의롭고 의협심이 강했다.

세월이 흐르고 그는 어느덧 중년이 되었다. 생활은 조금도 나아지지 않았다. 그렇다고 그는 돈을 벌려고 나서지도 않았다. 그의 마음속에는 먹고살기 위해 원치 않는 일을 하며 사는 사람들이 우습게 보이는 자만심도 생겨나기 시작했다. 그는 끝끝내 자신이 원하는 일 외에는 하지 않았다. 그는 원하는 일도 열심히 하려고 하지 않았다. 천부적인 게으름이 문제였다. 그런 그에게 복권이 당첨된다거나 자신이 원하는 일에서 성공을 거두는 요행은 찾아와주지 않았다. 그의 헛된 자존심은 날로 가난을 키웠다. 그는 세월이 갈수록 방 안에서 뒹굴고 있는 무능력한 남자의 보편적인 모습을, 변해가는 자신을 알 길이 없었다.

그는 자만한 것이었다. 그 어느 날 총을 쏘아대는 군인들을 피해 달려가던 골목길, 한 방의 총소리, 무너진 다리 한쪽, 그것으로 그의 혁명은 온몸에 각인되었다. 그리고 그는 내용 없는 이상주의자의 모습으로 나머지 인생을 채운다.

진정으로 사람을 사랑한다는 것, 진정으로 가치 있는 꿈을 꾸고 그 꿈의 실현을 위해 아픔을 감내한다는 것은 그리 쉬운 일이 아니다. 그의 아름다운 마음과 의협심에 위안을 받고 그가 언젠가 우뚝 솟아서 병든 세상의 한 부분을 일으켜 세우리라는 기대로 그를 사랑했던 많은 사람들이 그의 곁을 떠났다. 자신의 변치 않는 현실에 대해서 이제는 술잔이나 기울이며 세상 탓을 해대는 절망적인 그의 모습에서 환멸을 느꼈기 때문이다. 그는 자신의 초라함을 위장하기 위해서 항상 말끔하게 양복을 차려입었다. 자신의 차림이 스스로도 민망한지 가끔 그는 우연히 만나는 사람에게조차 인사도 제대로 하지 못한 채 작아졌다.

우리는 이런 사람을 이상주의자라고 말하지 않는다. 이상주의자는 혁명을 꿈꾼다. 행동하는 사람이다. 우리는 한 세상을 건설하려는 이상을 지닌 사람과 그 이상의 실현을 위해 오물 구덩이 속을 전진하는 그의 정신을 사랑한다. 실패를 두려워하지 않는 삶, 실패하더라도 옳은 삶에 대한 기세를 꺾지 않는 사람, 어떤 절망적인 상황에서도 희망을 보는 사람, 그것을 향해 크게 굵게 움직이는 사람을 사랑하는 것이다.

가족의 생계를 위해 한 달이면 구두 세 켤레를 사 신어야 하는 자동차회사의 세일즈맨이 있었다. 패배한 이상주의자들은 그런 그를 동정하고 멸시할 것이다. 자동차 한 대를 팔기 위해 입에 침이 마르도록 너스레를 떨고 있는 모습이 구차하고 민망할 것이다. 나는 그에게서 자동차를 샀다. 그에게서 차 한 대를 팔고 의기양양 승전가를 부르며 집에 가는 우리 아버지들의 뜨거운 발이 느껴졌으므로. 나는 그에게서 성공한 이상주의자의 아름다움을 보았다.

〈독배〉, 김아라, 손숙, 이호재, 이제희, 이호성

✦

엘리펀트 맨
1989

한 사내의 짧고 기구한 생명.
세상에서 가장 추한 얼굴을 지닌 그는
세상에서 가장 아름다운 성당 모형을
이 세상에 남겼다.
마리아의 포근한 가슴에 손을 얹은 채
치마에 얼굴을 파묻고
장난스럽게 킁킁 냄새를 맡으며
자궁의 따뜻함과 관대함을 경험한 그는
흰색 포플린 커튼이 미풍에 살랑이는
저 창밖, 푸른 하늘로 떠났다.

영혼을 부르는 노래

캄캄한 암흑 속에 있는 인간도 하나는 알고 있다. 그는 인간이므로 인간처럼 행동해야 한다는 것을...

로버트 브리지의 〈미의 맹세〉 중에서

존 토마스 메리크(엘리펀트 맨)는 1864년 4월에 태어나 1890년 4월에 사망했다. 브리티시 메디컬저널에 실린 메리크의 사망 기사에는 "메리크는 출생 당시부터 머리뼈와 오른쪽 팔과 뼈가 기형적으로 컸다. 그의 피부는 코끼리처럼 두껍고 거칠었다. 소년 시절에는 비구관절염을 앓았는데 그 결과 불치의 절름발이가 되었다."라고 쓰여 있었다.

그는 추하기 그지없는 모습으로 태어나 세상에 던져진 고아였다. 10년 이상 구빈원에 방치되었다가 열네 살 때 흥행사를 만났다. 그 흥행사는 처절한 운명에 놓인 이 소년을 우리에 가두고 사람들에게 돈을 받고 구경을 시켜주었다. 메리크는 불평하지 않았다. 오히려 자신을 들여다보는 사람들이 좋았다. 어느 날 런던 병원의 외과의사이며 해부학자인 트레브즈 박사가 우연히 광고문을 보게 되었다. 광고에는 인간 코끼리를 단돈 2펜스에 보여준다고 쓰여 있었다. 트레브즈는 의학적 관심이 발동되어 메리크를 병실로 데려온다. 그가 발표한 런던학회 보고서에는 이렇게 기록되어 있다.

> 메리크는 불을 지나왔으나 조금도 그을리지 않은 모습이다. 그의 고통은 오히려 그를 고귀하게 만들었다. 나는 메리크가 불평하는 것을 보지 못했다. 이윽고 어둠이 오고 인생의 막바지에 이르렀을 때 그는 자신이 친절한 여관에 들어 있는 사실을 발견하였다. 그 여관은 밝았고 무엇보다도 그를 환영하였다. 그는 주위 사람들에게 진심으로 감사하였고, 어린아이 같은 단순함으로 자신의 감사한 마음을 표현하였다. ✦

〈엘리펀트 맨〉은 아름다운 영혼을 가진 흉측한 외모의 인간을 모델로 인간의 숭고함을 아름답게 그려낸 희곡이다. 그가 병원에서 글을 배워 기도문과 성경을 읽고, 그 추악한 손으로 아름다운 성당의 모형을 만들어 이 세상에 남긴 메시지는 너무나 강렬하다.

내가 주목한 것은 단돈 2펜스를 내면 볼 수 있는 그의 기형이 아니라 그를 발견한 트레브즈 박사의 변화하는 내면이다. 트레브즈 박사는 우리 밖에서 구경하던 사람들과 크게 다르지 않았다. 그러나 그가 메리크의 영혼을 발견해 가는 과정은 우리에게 시사하는 바가 크다. 내게는 트레브즈 박사가 과학도로서는 아이러니하게 구원의 의미를 깨닫는다는 것이 더 흥미로운 사실이었다. 〈엘리펀트 맨〉은 우리에게 영혼이 있다는 사실을 알려주는 신의 메신저 같은 존재였다.

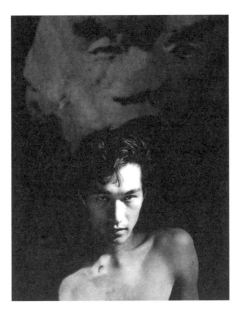

〈엘리펀트 맨〉, 정보석

메리크의 병실에 걸린 흰색 포플린 커튼이 바람에 살랑댄다. 벽에
는 오렌지색 계열의 행복한 모녀상이 걸려 있다. 그는 병실 창밖으로 그
가 버려져 견뎌온 세월을 바라보고 있다.

그는 사생아로 태어났다. 그의 어머니는 인간이라기엔 너무나 흉
측한 모습으로 태어난 자식을 감당할 길이 없었다. 가난이 문제였지만
추악한 자식을 낳은 자신을 더러운 물건 쳐다보듯 하는 사람들의 눈총
을 견디지 못해 자식을 버리기로 결심한다.

우리에 갇혀 흥행사의 손을 전전한 그는 자신이 그래도 먹거리가
되는 담보물인 것을 감사했다.

우리 너머 푸른 하늘이 아름다워 그는 울었고 저녁 무렵 들려오는 성당의 종소리를 들으려 꿈을 꿨다. 그는 세상을 겸허하게 혹은 찬양하며 바라보는 것을 잊지 않았다. 그 추한 몸뚱이는 어느덧 향기로운 인성으로 가득했다. 그러나 그는 그 향기를 그 누구에게도 전해 줄 수 없었다. ✦

그런 그에게 행운이 찾아든다. 그를 발견한 한 외과의사에 의해 우리 밖 세상으로 나오게 된 것이다. 그는 병실로 옮겨져 외과의사의 의학적 연구 대상이 되었다. 오늘날, 우리가 실제로 보게 되는 그의 뼈 모양들과 사진들은 외과의사 트레브즈의 업적이다. 그의 기이한 모습은 신문에 오르내렸고 어느 날 유명한 여배우가 그의 병실을 방문하기에 이른다. 그녀는 가련한 사내 메리크에게 성경을 읽어주고 담소를 나눠주기도 하면서 이 사내가 한 번도 만나지 못한 여성의 사랑을 나눠준다. 메리크는 자신의 어머니를 그리워하듯이 여배우의 방문을 기다린다. 그러면서 환희에 넘쳐 성가가 울려 퍼지는 듯 아름다운 성당의 모형을 만든다. 어느 날 여배우는 이 고귀한 영혼 앞에서 자신의 상의를 벗어 던진다. 그리고 그의 흉측한 손을 끌어 자신의 젖무덤을 만지게 한다. 이윽고 그의 눈에는 숱한 세월 동안 참아왔던 눈물이 굵직하게 그리고 성스럽게 흘러내린다. 자신을 버린 어머니를 만나는 순간이었다.

연극 〈엘리펀트 맨〉은 한국 연극사상 최초로 여배우를 가장 적나라하게 벗긴 연극이었다. 삼면이 객석으로 둘러싸인 작은 소극장 중앙에서 스포트라이트를 받으며 여배우는 상의를 완전히 노출해야 했다. 음악이 흐르고 그 음악 속에서 의식을 치르듯 엘리펀트 맨의 역할을 맡은 남자 배우의 손에 자신의 젖무덤을 맡겨야 했다. 그것도 5분 동안이나. 무대 총연습날 꼭 벗겠노라고 약속을 한 여배우는 당차게 그 약속을 지켰는데 그 모습에 취한 우리 작업팀은 모두 눈물을 흘렸다. 그 사랑의 나눔이 너무나 숭고해서 5분 동안의 침묵은 울음바다가 되어버렸다. 관객도 마찬가지였다. 단 한 줄의 기사도 그녀의 노출 장면을 확대하지 않았다. 그리고 그 누구도 그녀의 젖가슴에 주의를 집중시키지 않았다. 확 벗어버리는 순간의 충격 그리고 숭고한 사랑의 교감으로 이어지는 5분 동안의 정적은 아름다웠다.

한 사내의 짧고 기구한 생명, 그는 아름답게 완성한 성당의 모형을 이 세상에 남겼다. 젖가슴과 자궁의 따뜻함을 알고 간 그의 죽음은 축복이었다. 마리아의 포근한 가슴에 손을 얹은 채 치마에 얼굴을 파묻고 장난스럽게 킁킁 냄새를 맡으면서 그는 자신이 온 곳으로 갔을 것이다. 흰색 포플린 커튼이 미풍에 휘날리는 저 창밖, 푸른 하늘로.

그는 감사하였다. 우리에 갇힌 동물처럼 전시되는 자신의 초라한 신세를 탓하기보다 자신을 보며 비명을 지르고 손가락질을 하지만 외면하지 않는 사람들을 찬양했다. 그는 어디에서나 신의 은총을 보았다. 아니, 그가 신이었을지도 모른다.

"저들을 용서하소서, 저들은 자신들이 하는 일을 알지 못합니다."

✦

에쿠우스
1990

끔찍한 사건이다.
어린 소년이 말의 눈을 쇠꼬챙이로 찔렀다.
그것도 스물여섯 마리나 되는 말의 눈을.
연극 속에서는 여섯 마리였지만
실제 사건에서는 스물여섯 마리였다.
몇 마리인지가 중요한 것이 아니다.
그러나 늦은 밤, 어둠 속에서 피를 흘리며 발광하는
말들의 포효를 상상해 보라.
나는 광기에 사로잡힌 소년의 처절한 비명과 함께
그 말들의 소리를 듣는다.
그래서 수없이 악몽을 꿔댄다.
마구간을 뛰쳐나오는 소년의 충혈된 눈에서
눈물이 폭포처럼 쏟아지는 꿈을.

아스팔트 위의 신화

어느 날 신문의 사회면에 기사가 실렸다. 한 소년이 마구간에 들어가 말 스물여섯 마리의 눈을 쇠꼬챙이로 찔렀다. 작가 피터 쉐퍼에게는 실로 충격적인 사건이었다. 그는 그 사건을 소재로 작품을 썼다. 〈에쿠우스〉였다. 말의 눈을 찌른 소년 알런이 법정에서 정신병원 의사 다이사트에게로 이송된다. 다이사트는 이 비정상적인 소년을 치료해 다시 정상적인 세상에 정상적으로 대응할 수 있도록 해야 하는 임무를 띠고 치료를 시작한다. 치료가 끝나고 이 연극 또한 끝난다. 그런데 문제는 다이사트가 미쳐간다는 것이다. 소년의 비정상적인 심리 속으로 들어가 만나는 그 원초적 정열과 신앙의 세계를 발견한 그는 자신과 이 세상이 믿고 있는 정상성의 비정상성에 의문을 갖기 시작한다.

이 연극의 패러독스는 '다이사트'라 볼 수 있다. 이성과 논리의 세계에 충실한 지적 인간의 모습으로 다이사트는 오늘의 우리를 대변한다. 다이사트의 어둠은 알런이 치료 과정에서 재현한 말 여섯 마리에 의해 서서히 그 전모를 드러낸다. 알런에게 말은 신이다. 그 신은 적들로부터의 해방을 위해 존재한다.

알런의 적은 누구인가? 그것은 톱니바퀴 같은 사회와 인간들이다. 오늘 사회구조 속에서 철저하게 본능의 자유를 상실당한 인간의 모습이다. 다이사트는 알런의 신을 파헤쳐가면서 자신이 빠져 있는 모호한 좌절감의 실체를 확인해 나간다. 그는 연민과 부러움으로 알런을 바라보기 시작한다. 알런에게 정상적인 세계를 되찾아주는 임무를 맡은 다이사트의 딜레마는 정상적인 세계에 대한 의혹으로부터 시작되며, 그 임무 수행을 마친 후 극단적인 절망의 나락으로 떨어진다. 내게는 알런의 사건이 아니라 이 다이사트의 절망이 창작의 핵심이었다.

현대판 제의의 탄생, 무대 좌우측에 쇠기둥을 네 개씩 설치하고 전 출연진들이 기둥 밖에서 극의 진행을 참관한다. 마구간을, 한 소년을 제물로 바치는 고대의 제사가 이루어지는 신전으로 대체했다. 이곳은 다이사트의 집무실이기도 했다가 마구간으로 변하기를 반복하면서 알런과 다이사트의 딜레마가 한 축에 있음을 상징한다. 극소표현의 대도구와 소도구, 공간의 팽창과 압축의 묘미를 관객과 극의 심리적 상태를 추적해 일치시키는 조명, 쇠기둥을 쇠꼬챙이로 때리는 효과음으로 알런에게 최면을 거는 코러스의 활용, 무한한 공간 확대를 위해 에너지와 호흡과 미세한 신체의 움직임으로 축소 응축된 동작선 및 연기, 이런 무대환경 속에서 〈에쿠우스〉는 소년 알런을 희생물로 바쳐 이끌어낸 현대 세계에 관한 병리학적 보고서이며 또한 제의였다.

      끔찍한 사건이다. 어린 소년이 말의 눈을 쇠꼬챙이로 찔렀다. 그것도 스물여섯 마리나 되는 말의 눈을. 연극에서는 여섯 마리였지만 실제 사건에서는 스물여섯 마리였다. 몇 마리인지가 중요한 것이 아니다. 그러나 늦은 밤, 어둠 속에서 피를 흘리며 발광하는 말들의 포효를 상상해 보라. 나는 광기에 사로잡힌 소년의 처절한 비명과 함께 그 말들의 소리를 듣는다. 그래서 수없이 악몽을 꿔댄다. 마구간을 뛰쳐나오는 소년의 충혈된 눈에서 눈물이 폭포처럼 쏟아지는 꿈을.

      아이는 어릴 적 우연히 해변에서 말을 타고 달려오는 한 남자를 만난다. 모래성을 쌓고 있는 소년이 올려다보자 그곳에 거대한 말의 두상이 있다. 한없이 크고 서글픈 눈을 가진 말의 입에는 재갈이 물려 있다. 아이는 말에게 아프지 않느냐고 묻는다. 말은 대답한다. 아, 아니라고. 소년은 말을 탄다. 생애 가장 황홀한 순간이다. 그러다가 비명을 지르며 달려오는 부모에 의해 땅바닥으로 끌어내려진다. 처음으로 겪는 좌절에 대한 기억이 그 아이의 가슴에 각인되는 순간이다.

      광신적인 엄마는 아이의 방에 십자가에 못 박힌 예수의 고통스런 그림을 걸어 놓는다. 그리고 늘 성경 이야기를 들려준다. 그것이 못마땅한 인쇄업자 아버지는 예수의 그림 대신 달력에서 뜯어낸 말의 사진을 붙여 놓는다. 아이는 가시관을 쓴 예수와 재갈 물린 말의 실체를 혼동하기 시작한다. 아이는 성장하면서 점점 더 말의 신에게 다가간다. 달밤에 혼자 일어나 말의 사진에 절을 하고 자신의 입에 재갈을 물린다. 그러고는 자신을 채찍질하며 고난의 의식을 치른다. 어렵게 마구간 일자리를 구한 소년은 밤이면 훔친 열쇠로 마구간 문을 따고 가장 멋진 말 너젯트를 끌고 나온다. 그는 말 앞에서 주문을 외우고 옷을 벗는다. 나신으로 말 위에 올라 들판을 달린다. 말도 소년도 이 세상의 모든 속박으로부터 자유로운 순간이다. 소년은 말과 함께 그들만의 땀과 눈물과 격정의 의식을 치른 후 돌아온다.

그 비밀스런 의식에 흠뻑 취한 소년은 마구간에서 일하는 어린 소녀의 데이트 신청을 받는다. 둘은 포르노 영화관에 간다. 그곳에서 소년은 자신의 근엄한 아버지를 만난다. 근엄으로 위장한 늙은 고독을 만난 것이다. 도덕으로 위장한 어른들의 거짓말을 발견하는 순간이다. 소년은 소녀의 유혹을 따라 마구간으로 간다. 첫 경험의 순간에 말들의 숨소리가 점점 커진다. 충혈된 말의 눈들이 다가온다. 소년은 광기 속으로 침몰한다. 그는 말의 눈을 찌른다. 자신의 순수한 격정 앞에서 자신의 신을 필사적으로 부정하는 것이다.

그 사건으로 그는 비정상적인 인간의 표본이 되어 정신과 의사에게 인도된다. 최면요법과 주사약 그리고 알약 세례를 받으며 인도되는 정상적인 세상. 정상적인 콘크리트가 정상적으로 배합된 아스팔트 위에서 그는 말 대신 자동차를 탈 것이다. 햄버거와 코카콜라를 마시고 밤에는 TV 앞에 앉아서 쏟아지는 광고세례를 받으며 나이키 신발과 전자제품을 사들이는 정상적인 세상으로 온 것이다.

죄의식의 몸부림을 광란으로 치른 한 소년의 절대고독에 대하여 아연해질 수밖에 없었다. 그 광란의 세계를 정신병원 의사인 다이사트와 함께 파고들었다. 연극 〈에쿠우스〉는 나에게 그저 대본을 훌륭하게 연출해 낼 임무만을 요구하지 않았다. 이렇듯 심연의 절망을 건드리는 이 작품의 큰 힘은 무엇인가? 나는 의사 다이사트를 앞으로 내세워 나의 절망을 그의 절망으로 대체해 놓았다. 흥미로운 사건에 연연하던 관객들까지 여지없이 절망 속에 빠트리고 말았다.

짐승이 상처를 스스로 핥아 치유하듯 자연으로서의 인간은 스스로를 치유할 능력이 있다. 만약에 그것이 생존에 관한 문제라면 동물인 우리는 맹목적이기까지 하다. 죽음에 대한 두려움에 떨면서 인류의 시조들이 창조했던 수많은 신화와 의식과 다양한 형태의 원시예술을 보면 생명에 관한 인간의 맹목적인 집착이 얼마나 집요했는지를 알 수 있다. 문명과 학문이 발달하면서 인간은 본능을 다스리는 이성적 사고로 재무장되었다.

우리는 도덕과 윤리를 배웠고 과학적 합리성과 실용주의에 익숙하게 되었다. 인간의 본능이나 자유의지를 거세당한 소년의 치열한 생존 싸움 속에서 신과 인간이 교류하던 그 옛날, 우리 인간의 의젓함과 겸허함을 보는 것은 과대망상일까? 나는 가끔 소년이 처음으로 말을 탔던 그 황홀한 바다를 생각한다.

질문만 받던 어느 날, 알런이 다이사트에게 묻는다.
"가고 싶은 곳이 어딘데?"
"바다야, 신들이 노니는 곳!"
이 짧은 대사 한 마디에 나는 작품의 핵심을 꿰뚫었다. ✦

어머니가 아이에게 선물봉지를 손에 들려 앞산 중턱에 사는 할머니 댁에 다녀오라고 심부름을 보낸다. 때는 바야흐로 늦봄과 초여름의 길목, 아이는 약이 오를 대로 오른 쑥 향이 진동하는 마을 앞길을 건너 산모퉁이 오솔길을 간다. 이 오솔길을 따라 숨이 턱에 이르고 이마에 땀방울이 맺힐 때쯤 닿는 곳이 할머니 댁이다. 아이는 휘파람을 불며 혼자 신나게 오르막길을 간다.

　　길가에 예쁜 들꽃이 피어 있다. 붉고 향기로운 꽃에 넋을 잃은 아이는 할머니께 꽃을 드릴 양으로 꽃을 꺾는다. 그러다 보니 아이는 자신도 모르게 꽃길을 따라간다. 궤도 이탈이다. 가다 보니 또 산딸기가 먹음직스럽게 달린 길이 보인다. 아이는 산딸기를 유독 좋아하는 할머니의 미소가 생각나 또 그 산딸기 흐드러진 길을 따라간다. 이렇게 구부러지고 저렇게 구부러진 길을 아무 생각 없이 달려가는 아이는 그저 행복하다. 할머니께 선물을 가득 안겨줄 마음에 절로 신바람이 났다.

　　서서히 해가 기울어 나무들의 그림자가 길게 늘어질 때쯤 아이는 정신이 든다. 낯선 길을 정신없이 와버렸다는 생각에 덜컥 겁이 난다. 웬걸, 나무들의 그림자가 마치 마귀의 품 같기도 한 그 숲속에서 아이는 마구 뛰기 시작한다. 아무리 뛰어도 그 길이 그 길이다. 아이는 울음을 터트리고 절망에 고개를 떨구고 가진 것들을 더욱 움켜쥔다. 그런데 그때, 무심코 내려다본 그곳에 할머니 집이 보인다. 황혼 무렵, 연기가 모락모락 오르는 할머니의 초가집 하얀 창호지 문 사이로 등잔불이 따스하다. 아이는 할머니를 소리쳐 부르면서 언덕을 엉엉 울며 내려간다. 창호지 문이 스르르 열리며 그곳에 인자한 할머니가 미소를 머금고 두 팔을 넉넉히 벌리며 나온다. 아이는 할머니의 품에 안기고 그날 저녁 할머니와 함께 예쁜 꽃다발과 맛있는 산딸기를 곁들인 행복한 밥상에 마주 앉는다.

딸아이가 어렸을 때 침대맡에서 아이에게 읽어주던 동화책 이야기다. 나는 이 이야기가 너무 아름다워 지금도 가끔 제자들에게 들려주곤 한다.

대학을 졸업하고 처음 세상으로 나와 머리가 갸우뚱해지는 시기가 있었다. 불타는 청춘과 피 끓는 야망에 몸이 달아오르는 20대 시절. 그럼에도 불구하고 인생은 온통 미지수여서 어떻게 사는 것이 옳은 것인지, 또 나 자신이 무엇을 원하는지 알 길이 없어 그저 고독하고 초조

스태프와 작업중

해지는 때였다. 자신이 선택한 길에서도 온통 확신이 서지 않아 흔들리기만 했던 청춘의 고독이 있었다.

목표를 세워야 한다. 그것은 할머니 집이다. 목적이 분명해야 한다. 그것은 선물을 전달하는 일이다. 그리고 그 일은 나름대로 이 세상에 활기를 불어넣어야 한다. 그것은 마음이다. 정성을 다하여 보다 큰 행복을 전달하기 위한 마음이 있으니 꽃과 산딸기가 보이는 것이다. 그러면 길은 여러 갈래, 아무리 낯설고 험난한 길을 가더라도 결국 목적지에 도달한다. 나는 이 이야기를 읽고 딸아이에게 사람은 실수할 수 있는 법이라고 넉넉하게 실수를 허용하는 법을 가르쳤다. 실패를 통해서 올바름을 확인해 나가는 지혜를 배운 것이다.

어른이 된 내가 걸어온 길은 험하고 모나다. 가파른 길, 내리막 길, 오르막 길, 좁은 길, 넓은 길, 돌밭 길, 아스팔트 길…. 길은 다양하다. 같은 길이라도 향기 그윽한 아름다운 꽃길은 험해도 갈 만하다. 더디다고, 한눈판다고 나무라지 말라. 인생은 길다. 젊음은 그런 과정에서 여문다. 다만 자유, 낯선 길로 가는 자유!

좋아하는 영화가 있다. 〈베를린 천사의 시〉, 천사가 지상에 내려와 세상의 이곳저곳을 여행하는 내용이다. 카메라는 천사의 시선으로 시종일관 평범한 인간들의 일상 혹은 사물들을 훑고 지나간다. 그리고 그는 사랑을 발견한다. 다시 돌아가야 하는 천사의 입장을 고수할 것인가, 인간처럼 사랑할 것인가? 작가 페터 한트케와 빔 벤더스 감독이 공동으로 시나리오를 집필했다. 이 영화를 완성하고 2년 후 페터 한트케는 침묵극 〈우리가 서로 알 수 없었던 시간〉을 발표했다. 나는 곧바로 희곡을 입수해 1993년 연극실험실 혜화동 1번지에서 공연했다. 그리고 현재까지 문화비축기지 야외극장, 리움미술관 등 거듭 장소를 바꿔가며 이 작품을 새롭게 만난다. 대표작 중 하나가 된 작품이다.

〈에쿠우스〉를 만들면서 나는 〈베를린 천사의 시〉의 주인공 천사를 많이 생각했다. 지상으로 내려온 천사의 딜레마를 탐색하는 일은 한 순수한 영혼이 온갖 색으로 칠을 당하는 성장 과정을 비교 분석하기에 매우 적절했다. 물론 영화보다는 나의 상상력이나 사색에 많이 치중되었지만 말이다.

〈에쿠우스〉, 최민식

✦

사로잡힌 영혼
1991

흔히 예술은 구도의 길이라고 한다.
뭔가를 창조하기 위해 대상과 소재를 바라보지만
정작은 자신을 완성하는 길이다.
멀리 저 산 너머 무지개를 찾아가는 소년처럼
예술을 향한 여정은 길고 험하다.
그러나 아무 생각 없이 묵묵히 걸어가노라면
산 너머 무지개는 내 등 뒤에 있다.
그리고 언제부터인가 나는
바라보는 사람이 아니다.
그 무지개 찬란한 길을 걸어온 사람이다.

점 하나 속 우주

    국립극단 45년 역사상 최초의 여성 연출가, 최연소 연출가라는 두 개의 훈장을 달고 장충동 국립극장으로 향했다. 방송작가 이상현 선생의 첫 희곡이었고 작업 시간이 그리 넉넉하지도 않았다. 데뷔 5년 차 신출내기 연출가에게 더없이 영광스러운 기획임은 의심할 여지가 없었다. 말 그대로 40일 동안의 순발력 작업이었다. 생각하고 망설일 시간이 없었다. 직관에 의해 움직일 수밖에 없었다. 40일 안에 대본 각색을 완료하고 연습하고 공연하고…, 결과는 대성공이었다. 순간 떠오르는 영감을 재단하지 않고 곧바로 달려가버린 작업에서 나는 예술이란 그 어떤 논리보다 직관이 살아 있어야 함을 터득했다. 그날 이후, 나는 오랜 몽상과 게으름에 나를 방치하지만 시간이 오면 단숨에 연출 플랜을 세우는 연출가가 되었다. 나의 직관을 믿기 시작한 결과이고 그것은 옳은 결론이었다.

궁을 세 번 탈출하고 죽음의 흔적도 남기지 않은 채 사라져버린 천재 화가 장승업의 숨결이 내게 옮겨붙은 기분이었다. 적어도 그의 삶과 예술가로서의 에너지를 붙잡고 그의 인생과 씨름하며 보낸 40여 일은 나로 하여금 인생의 많은 부분을 한꺼번에 살아버린 듯한 느낌을 갖게 했다. 조선시대 화가 장승업. 그는 고종에게 사랑받는 화가였다. 술을 말로 마셨다는 그이. 술 취해 기함을 터트리고 군마도를 그려 나가는 상상 속 그의 모습에 내 가슴은 뛰었다.

신구 선생의 환상적인 배역 창조가 눈부셨다. 지금은 고인이 된 국립극장 배우 김명환의 북음악도 귓전에 생생하다. 마지막 F/O 되는 그 짧은 순간에 극장 안을 우렁차게 달리던 말발굽 소리, 국립극단의 열두 배우가 혼신으로 치던 그 북소리에 가슴 벅찬 피날레를 맞이했던 그 연극 〈사로잡힌 영혼〉. 말처럼 뛰는 그의 역동성은 심연에 감춘 우리 모두의 열정처럼 빛났다.

나는 계급과 신분의 차이를 화가 장승업이 버티고 서야 할 시대와 운명의 대립관계라고 생각하고 열두 명의 북을 든 남자들과 장승업을 일관되게 대칭관계로 설정했다. 그리고 팀 플레이 방식을 도입해 '탈'의 이미지를 일인다역 체계 속에 용해시켰다. 열두 명의 연기자와 사십여 명의 배역을 별다른 분장이나 변신 장치 없이 보여주는 과장의 몸짓은 연극의 작위성 노출로 인한 유희적 상상력이었고 북의 합주로만 이루어지는 현장음과 35밀리미터 필름 영상의 접목은 과히 혁명적이었다. 이 모든 새로움들이 한 치의 괴리감 없이 용해되어 새로운 실험극을 탄생시켰고 관객과 평단은 환호했다.

복합 장르 음악극의 시작이었다. 나는 내 연극의 양식에 복합 장르 음악극이라는 미학적 타이틀을 붙였다. 이 연극 미학은 오랫동안의 실험을 통하여 보편적 미학으로 자리 잡았다. 어느 날 현재의 한국문화예술위원회가 지원 항목에 복합 장르 음악극을 명시함으로써 하나의 새로운 장르로 자리매김했다.

〈사로잡힌 영혼〉, 포스터

먼지처럼 가벼운 춤이다. 크게 터득한 사람은 크게 떠들지 않는다. 그리고 많이 주장하지 않는다. 그는 눈빛으로 호흡으로 아주 편하게 정곡을 건드려 내심을 드러낸다. 그의 발걸음은 가볍고 하는 짓은 천진하다. 그리고 그는 보통사람보다 더 보통사람처럼 크고 깊은 자국을 남기려 하지 않는다. 그는 먼지처럼 가볍게 인생의 어느 한 부분을 통달한 사람이다.

연극 〈사로잡힌 영혼〉에는 일점(一點) 도사가 등장한다. 이 도사의 그림이 하도 유명하여 화가 장승업이 스승을 삼고자 찾아 나선다. 그냥 점 하나를 꽉 찍으면 그 안에 우주가 들어 있다 하여 일점 도사라 불리는 달인이었다. 초야에 묻혀 거지 꼴로 사는 모습이 예사롭지 않았다. 범속한 내가 그 인물을 그려내야 하는데 고민이 아닐 수 없었다. 자칫 고정관념을 따르다 보면 수염이 하얀 신선 그림이 나오고, 그게 아니다 싶으면 눈빛이 매서운 카랑카랑한 노인네의 얼굴이 나와버린다. 한참 고민하고 있는데 작가 이상현이 중국의 신선도 한 폭을 선물로 주었다. 그 그림을 보는 순간 얼마나 웃었는지 모른다. 단 한 번도 그렇게 우스꽝스러운 신선을 본 적이 없었기 때문이다.

신선의 눈은 가늘다 못해 옆으로 쭉 찢어졌는데 워낙 작아 눈동자가 안 보인다. 코는 납작하고 사정없이 옆으로 퍼져 있다. 입매에 흘리는 웃음은 금방 침을 뚝 떨어뜨릴 만큼 바보스럽다. 게다가 그의 반라에 튀어나온 배는 어린아이의 그것처럼 사랑스럽기까지 하다. 한순간에 이렇게 많은 지혜를 준 그림은 일찍이 없었다. 깨우침의 세계가 확연히 한눈에 들어왔다. 먼지처럼 가벼운 신선의 모습이리라. 점 하나에 우주를 담는 그는….

일과 인생은 분리되지 않는다. 한 길을 정직하게 그리고 진정으로 미쳐 살아온 사람들에게는 숨길 수 없는 숭고함이 있다. 그의 집은 허물어져 가고 그의 형색은 초라하기 그지없다. 먹을 것은 언제나 그것이 그것이고 자랑으로 내세울 것이라곤 아무것도 가진 것이 없다.

장식이 없는 것은 그 자신도 마찬가지다. 그는 잘 웃고 화도 잘 낸다. 거침없는 웃음과 거침없는 역정이 마치 어린아이처럼 계산이 없다. 감정의 폭이 크고 진해서 적당히 넘어가는 일이 없는 그는 토라지는 일도 다반사다. 그는 천진하다. 해맑다. 그러나 귀한 얼굴이다. 숭고한 정기가 서린 얼굴이다. 먼지처럼 가벼운 그의 웃음이나 장난기나 걸음걸이에서도 그 운치는 묻어난다. 기품이 있고 맑다는 것은 그런 것이다. 예술가의 얼굴이다.

구도의 길은 그런 것이다. 뭔가를 창조하기 위해 대상과 소재를 바라보지만 정작은 자신을 완성하는 길이다. 멀리 저 산 너머 무지개를 찾아가는 소년처럼 예술을 향한 여정은 길고 힘들다. 그러나 아무 생각 없이 묵묵히 걸어가노라면 산 너머 무지개는 내 등 뒤에 있다. 그리고 언제부터인가 나는 바라보는 사람이 아니다. 그 무지개 찬란한 길을 걸어온 사람인 것이다.

길가의 돌멩이 하나, 풀 한 포기에도 생명이 느껴져 그저 황송할 따름이었다. 산다는 것의 경외로움 속에 날마다 살아 있음이 축복임을 알았다. 인생의 거의 전부랄 수 있는 나의 연극, 집과 작업장 그리고 공연장이라는 삼각 거미줄에 갇힌 나의 단조로운 하루가 주구장창 이어지는데 내가 연극을 통해 얻어야 하는 것이 무엇인가?

기쁨이었다. 아주 사소한, 그러나 엄청난 진리를 깨닫고 나는 우리의 모든 창조의 원동력은 생명에 대한 기쁨이라고 말할 줄 알게 되었다. 생명의 소리와 육체와 숨이 가득한 연극, 크게는 삶과 죽음이라는 궤도 안에서 인간의 운명을 노래하는 비극 속으로 가야 했다. 굿이라도

연출 작업중, 김아라

하는 심정으로 생명을 노래함. 그리스 비극과의 만남이 시작된 것이다.

내가 타죽은 나무가 내 속에서 자란다

저 먼 우주의 어느 곳엔가

나의 병을 앓고 있는 별이 있다

그 별을 찾아가는 여행의 시작이었다. ✦

✦

동지섣달 꽃 본 듯이
1991

첫눈에 반하는 연애를 해본 적이 있다.
밑도 끝도 없이 존재한다는 것,
그것 하나만이 행복인 연애.
그런 연애에는 조건이 없다.
이유도 필요하지 않다.
열정적으로 시작이 어딘지 끝이 어딘지
가늠치 못하고 무조건 달려가는 연애처럼
나는 사춘기 때 무대를 만났다.
그리고 40년이 훌쩍 지난 오늘까지
몸이 달아오르고 숨이 가쁘고
가슴이 뜨거워지는 곳은 객석이다.
연습장이다. 무대이다.

광대 예찬

광대놀이 한마당. 50명의 배우들과 40명의 스태프들이 함께한 대형 공연이었다. 연극의 해를 마감하는 전 연극인 합동 공연임과 동시에 MBC 창사 30주년 기념 공연이기도 했다. 게다가 평소 존경하던 이강백 선생과의 첫 작업이었다. 데뷔한 지 5년 된 30대 초반의 신출내기 연출자에게는 실로 가슴 벅찬 영광의 무대였다.

고설봉, 백성희, 권성덕, 김길호, 손숙, 정동환, 한명구, 정은표 등 연극계 원로부터 갓 데뷔한 신인들까지 함께했다. 한국의 대표적인 극단이 참여하고 한국연극협회가 제작한 이른바 대동적 성격의 축제 연극이었다.

작가 이강백 선생을 만났다. 그러고는 다짜고짜 이 광대놀이를 이중구조 양상으로 각색해 줄 것을 요구했다. 살모 설화를 모티브로 죽은 어머니를 찾아가는 삼형제의 인생 이야기가 씨줄이라면 배우의 여정을 살아가는 등장 배우들의 모놀로그를 날줄로 삼아서 말이다. 과거의 설화와 현재 배우들의 독백이 교차하고 고전과 현대 의상이 교차하고 회전무대와 스포트라이트가 교차하는, 이분법적 구성이 음악적으로 매끄럽게 연결되었다.

설화 속의 연기는 일상적인 리얼리티를 배제하고 양식화·단순화했다. 가면을 고려한 커다란 동작과 정면 대사가 기본 특징이었고, 등퇴장을 암전 없이 오버랩시키며 연극의 놀이성을 강화했다. 회전무대는 연극에서 다루는 인간의 운명과 윤회 이미지를 살리는 도구로서 또한 세트의 입체감과 조형미를 살리는 데 일조했다. 극이 진행되는 동안 연주단 전원이 무대 위에 상주해 있고 각 장면의 중추적 역할을 담당하는 광대패 여섯 명이 일인다역을 수행함으로써 극 전체가 하나의 '광대놀이'가 되었다. 이 모든 장치는 오늘날 광대의 역할과 의미라는 작품의 주제에 부합했으며 연극의 해를 마감하는 전 연극인 합동 공연이라는 축제적 성격의 의미를 한층 북돋아주었다.

그때 연극을 왜 하는지 나 자신에게도 물었다. 인터뷰를 할 때나 주변에서 느닷없이 연극을 왜 하느냐는 질문을 받을 때면 아직도 난감해진다. 더듬더듬 왜 할까 생각해 가며 하는 대답은 언제나 헛소리다. 연극을 하면서 한 번도 연극을 왜 하는지 생각해 본 적이 없었기 때문이다.

첫눈에 반하는 연애를 해본 적이 있다. 밑도 끝도 없이 존재한다는 것, 그것 하나만이 행복인 연애. 그런 연애에는 조건이 없다. 이유도 필요하지 않다. 열정적으로 시작이 어딘지 끝이 어딘지 가늠치 못하고 무조건 달려가는 연애처럼 나는 사춘기 때 무대를 만났다. 그리고 40년 이 훌쩍 지난 오늘까지 몸이 달아오르고 숨이 가쁘고 가슴이 뜨거워지는 곳은 객석이다. 연습장이다. 무대다.

> 영감으로 가득 찬 사람들을 만나는 행복, 그들과 뒹굴면서
> 온갖 치부를 다 드러내놓고 웃어넘기는 정직한 행복
> 화를 내거나 미워해도 사람과의 만남이 정겨운 연극…
> 개막 때의 짜릿한 전율과 관객의 환호에 돌아버릴 것 같은 쾌감
> 막 내린 후의 실신 그리고 오랫동안의 고독을
> 무대는 내게 선사한다. ✦

내가 살아 있는 동안 나와 함께 더불어 사는 사람들과 이렇게 뜨거운 만남을 가질 수 있는 것이 연극 말고 어디 있을까? 내가 죽으면 나의 연극은 사라진다. 살아서 살아 있는 만큼 뜨겁게 살 수 있는 방법으로 연극만 한 게 또 어디 있겠는가?

연극은 그래서 생명의 예술이다. 살아 있는 배우의 육신과 그의 호흡 하나하나에 우리의 오감은 충동을 겪는다. 그리고 그때 그 순간은 다시 오지 않는다. 그것이 연극의 매력이다. 동시대를 살아가는 사람들끼리 영혼과 생명과 사유를 나누는 공간. 그 공간에서 살게 된 것은 운명이다. 그 이상의 수식을 알지 못한다, 나는.

연극을 하면서 행복한 것은 극장 밖 세상이 어떻게 흘러가든 상관없이 무대 뒤에서 혹은 무대 위에서 땀 흘리며 사는 이들의 속임수 없는 웃음을 사랑하기 때문이다. 이들은 원하는 인생을 쟁취한 멋진 인간들이다. 그러나 현장성 혹은 일회성이라는 특성을 가진 연극은 한날한시에 전국 백화점에 걸리는 옷만큼의 대중성이나 세계를 시장으로 하는 영화만큼의 상업성이 없다. 그러나 잘사는 일이 중요한 사람이라면 감히 넘볼 수 없는 세상이 연극 세상이라는 것을 아는 사람은 흔치 않은 것 같다.

세상에서 가장 멋진 사람은 자신의 직업을 천직이라고 믿는 사람이다. 하늘이 주신 자신의 운명을 거머쥐고 사는 사람, 그런 의미에서 나는 광대 기운을 타고난 배우들을 만나는 일이 즐겁다. 자신의 기운을 무대 위에 마음껏 펼쳐 보이는 순수한 사람들, 그들이 배우다. 자신의 육체와 동물적인 영감, 그리고 표현을 두려워하지 않는 유희적 본능과 시공을 초월하는 상상력, 직관의 세계를 가진 인간들, 이들이 배우다. 나는 그런 배우들을 만나면 나의 영혼이 투명해지는 듯한 신선한 감동을 받는다. 자연의 일부인 그들이 그렇게 멋지게 살아가는데 계산이 뛰어난 장사치들은 그들의 가난을 동정한다. 그러나 생각해 보라. 그들은 스스로 선택한 운명을 살아가는 사람들이다.

배우는 예술가다. 그들은 고유의 창조적 기능을 가진 사람들이다. 문학을 철학을 사회학을, 경험을 통해 아는 사람들이 배우들이며 그들은 그 앎을 자신이 창조하는 배역에 숨으로 불어넣는다. 훌륭한 배우는 숨 쉬는 것을 안다. 어디서 숨을 들이켜고 내쉬어야 하는지를 안다. 인생을 알고 가는 사람만이 그 호흡을 아는 것처럼 훌륭한 연극배우들은 훌륭한 인간이다. 인기가 떨어지거나 나이 들어 미모가 사라지면 몰락하는, 그래서 쉴 새 없이 포장해야 하는 상품이 아닌 것이다.

길가에 버려진 돌멩이는 그 흙먼지 길이 자신의 것임을 안다.
자신이 존재할 곳이 진열대가 아니라는 것쯤은 안다.
비싼 값에 팔려가도 그것이 치욕이라는 것은 안다. +

50대에 들어서면 그 누구도 자신을 속일 수 없다. 자신의 인생이 판가름 난다. 더도 덜도 말고 자신이 그려온 지도대로 살아간다. 간혹 자신의 능력보다 월등한 기회를 만나 운이 터지는 사람도 있지만 그렇게 흔치 않다. 자신의 이름 석 자를 세상에 우뚝 내걸어 놓은 사람들은 그것으로 충분히 인정해야 할 가치가 있다. 대체로 그들은 빛나는 재능과 노력을 겸비한 사람들이다. 어느 분야든 최고가 있고 최고는 이유가 있다. 아무리 어수룩한 세상이라 할지라도 예술은 허튼수작을 허용하지 않기 때문이다. 그들은 자신에게 혹독했고 조급하지 않았으며 뼈를 깎는 노력과 집중력으로 살았다.

안다. 변화하는 세상의 흐름을 읽기 때문이다. 그러나 자본이 과도하게 침투하고 마케팅 개념이 도입된 어정쩡한 스타시스템이 무대를 교란시키는 현실은 참으로 안타깝다. 영역싸움을 벌이고 싶지는 않

〈동지섣달 꽃 본 듯이〉, 김학철

다. 그러나 순수예술로서의 연극이 사라지는 것은 안타깝다. 만약 세상이 이대로 땀 흘리고 눈물 흘리는 인간의 장인정신을 믿지 않는다면, 그들의 숭고함을 믿지 않는다면, 인문학이 사라지고 시 한 줄 가슴에 품지 못한 생을 살아간다면… 끝이다. 자연에 불어닥치는 기후변화의 재앙처럼 우리는 썩어갈 것이다. 마음속에 하나의 세상을 건설하려는 원대한 꿈을 가진 자들이여, 돌아오라!

✦

숨은 물
1992

깊고 깊은 그곳에 아무도 모르는 물 한 줄기로 흘러

어둠이 싫다 하여 떠나는 사람의 길이 되었으면 좋겠다

발을 담그고 하늘 우러러 부끄러운 손을 내미는 나무

그 발밑에서 잠시 머물렀다가

그 손길 따라 하늘도 가고

정나미 떨어진 가슴팍에

팍팍 불 지르다가 물이 되어

저만치 나동그라진 사람을 덮쳐 흐르려 한다

그러니 그 누구도 내 사정을 모른다

나는 단지 깊고 깊은 곳에서 물처럼 흘러

산을 기르는 물처럼 흘러

반복과 회전

　〈숨은 물〉은 침탈과 변절로 점철된 역사 속에서도 끊임없이 이 땅과 이 땅의 사람들을 지켜온 지킴이의 정신을 오늘의 시각에서 그려낸 작품으로 〈검은 해〉〈지킴이〉의 작가 정복근이 일관되게 추구해 온 역사라는 주제의 정점을 이루고 있다.

　〈사로잡힌 영혼〉〈동지섣달 꽃 본 듯이〉 등 대형 무대를 통해 전통과 현대의 심미적 결합에 성공한 나의 좀 더 구체적인 해체 작업으로, 연극 무대 위에 그랜드 피아노가 등장하는 것은 처음 있는 일이었다.

　희곡 〈숨은 물〉은 다중 구조를 지니고 있다. ① 심문자/변절자/피의자의 삼자가 이루는 삶의 삼각구도, ② 지킴이들의 위장된 놀이, ③ 객관적 내레이터 입장의 소년으로 구성된 삼중 구조이다. 이 삼중 구조는 3장으로 나뉘어 일종의 옴니버스 형식을 띠며 반복적으로 무대에 재현

된다. 이렇듯 다중 구조로 이루어진 희곡에 탈놀이, 구전동요, 사물놀이, 수벽치기의 전통연희와 무예에 피아노 라이브 연주를 결합하여 땅속 깊은 곳에 흐르는 물처럼 우리 역사에 흐르는 지킴이 정신을 제의적으로 끌어낸 무대였다.

깊고 깊은 그곳에 아무도 모르는 물 한 줄기로 흘러

어둠이 싫다 하여 떠나는 사람의 길이 되었으면 좋겠다

발을 담그고 하늘 우러러 부끄러운 손을 내미는 나무

그 발밑에서 잠시 머물렀다가

그 손길 따라 하늘도 가고

정나미 떨어진 가슴팍에

팍팍 불 지르다가 물이 되어

저만치 나동그라진 사람을 덮쳐 흐르려 한다

그러니 그 누구도 내 사정을 모른다

나는 단지 깊고 깊은 곳에서 물처럼 흘러

산을 기르는 물처럼 흘러 ✦

1992년 11월 도쿄의 한 호텔방에서

극단을 만들었다. 거창한 취지는 없었다. 과도한 찬사와 명성에 시달리는 내가 싫었다. 대형 뮤지컬과 관 주도의 행사 공연에 마구 초대되거나 제안을 받으면서 빈번한 일상의 번거로움이 넌덜머리가 났다. 부와 명예는 일찍이 관심 없었다. 나는 창고에 박혀서 나의 연극을 나의 언어로 연구 실험하는 길을 선택했다. 나머지 시간은 한없이 자유롭게 살아야 했다. 나는 사람을 좋아했지만 집단을 잘 견뎌내지 못했고 나답게 살아지지 않으면 안 되는 고집불통이었다. 천성이 게으르고 내성적인 문학소녀의 습성이 몸에 밴, 그런 사람이 나였다.

유랑극단처럼 짐부터 싸야 했던 창단 공연 〈숨은 물〉은 국내 극장 일정이 여의치 않아 일본 아사히신문과 아시아 여성연극회의 실행위원회의 초청으로 일본 주요 도시 순회 공연을 먼저 하게 되었다. 일본에서 초연을 치르게 된 극단 무천의 창단 공연이었다.

1992년 5월, 무대 경력 10년 이상의 배우 20명을 초대해 3개월 동안 전통예술 워크숍으로 극단 문을 열었다. 신구, 윤소정, 정동환, 유영환, 노영화, 정규수, 한명구, 방은진, 지춘성, 오지혜 등이 이 워크숍에 참가해 주었고 우리는 산으로 들로 돌아다니며 육태안 선생에게서는 수벽치기를, 박은하 선생에게서는 사물을, 이종호 선생에게서는 강령탈춤을 배웠다. 워크숍이 끝난 후 적역이고 일정이 허락하는 배우 7명이 창단 공연에 합세해 8월부터 본격 연습에 돌입하게 되었다. 신구, 최재영, 유영환, 노영화, 정규수, 지춘성, 방은진이 그들이었다. 우리는 3개월의 워크숍, 2개월의 연습, 일본 공연, 서울에서의 장기 공연까지 9개월을 함께 살았다. 〈숨은 물〉과 함께.

그로부터 30년이란 세월이 흘렀다. 그러나 시간이 흘러도 변하지 않는 것이 있다. 어떤 시련이 닥쳐와도 처음 그때처럼, 깊은 곳에서 조용히 흐르는 수맥 한 줄기처럼 그렇게 연극을 지킨다는 신념이다. 한 치흐트러짐 없이, 연극에서의 내 삶과 태도가 지혜를 갈망하는 사람의 목을 조금은 적셔줄 수야 있지 않겠는가? 무섭게 화를 내고 발을 동동 굴러도 나를 예쁘게 봐주는 연극 동지들은 그 마음을 안다.

〈숨은 물〉의 일본 순회 공연 피날레는 고베의 시립극장이었다. 공연 주관사인 고베신문에서, 공연 종료 후 무대 위에서 연출자인 내게 꽃다발을 전달하고 싶다는 요청이 왔다. 연출자의 무대 인사를 절대 허락하지 않는 나였지만 일본의 관행이니만큼 수락해 달라는 요청이고 보니 어쩔 수 없었다. 〈숨은 물〉 순회 공연은 일본의 4대 일간지가 문화면 톱뉴스로 다룰 정도로 성공적이어서 극도의 쾌감에 젖어 있던 터이기도 했다. 고베신문의 사장에게서 아름다운 장미 바구니가 내게 전달되었고 떠나갈 듯한 박수가 이어졌다. 그때 나는 나도 모르게 관객들에게 큰 소리로 외쳤다.

"여러분, 몇 개월의 연습과 그에 이은 일본 순회 공연이 모두 끝났습니다. 이 영광은 우리 배우들의 것입니다. 여러분의 갈채를 우리 배우들에게 부탁합니다."

그리고 신구 선생님부터 호명했다. 선생님이 무대에 올랐고 나는 그 장미 바구니를 선생님께 드렸다. 선생님은 그 장미 바구니를 다음 배우에게 안겨주었다. 그렇게 장미 바구니가 모든 배우에게 릴레이 전달되었고 무대 인사가 끝난 후 분장실에서 그 장미 꽃바구니는 스태프들을 한 바퀴 돌아 다시 내게 왔다.

그때, 내 시선은 언제나처럼 맨 뒤에서 웃으며 바라보던 한 남자에게로 건너갔다. 무대감독 호리 도시카주 씨였다. 나는 달려가 그에게

〈숨은 물〉, 신구, 방은진

꽃바구니를 안겼다. 그때 호리 씨가 "제가 한마디만 하겠습니다."라고
했다. 모두 눈이 휘둥그레졌다. 그도 그럴 것이 긴 여행 동안 자신의 임
무 외에는 단 한 마디의 사담도 없던 사내이기 때문이었다.

　　그는 늘 무대와 분장실 통로에 등받이도 없는 나무의자 하나를
놓고 공연 시작부터 끝까지 두 무릎을 조아린 자세로 앉아 있었다. 공연
중 무슨 일이 있으면 당장이라도 달려갈 자세였다. 그가 앉아 있는 모습

은 마치 기도하는 사람과 같았다. 그 외 시간에는 왕의 지시만을 기다리는 충직한 신하처럼 말없이 내 뒤를 밟던 그였다. 우리는 그가 수줍음을 많이 타거나 전혀 사교적이지 않은 사람이라고만 생각했다. 그런 그가 입을 연 것이다.

"저는 무대에서 보낸 30년 동안 오직 하나의 꿈이 있었습니다. 그것은 함께 일하는 사람들과 가족이 되고 싶다는 것이었습니다. 그런데 마침내 저는 이제 그 꿈을 이뤘습니다."

그의 눈에는 이슬이 맺혀 있었고 물론 우리 모두의 눈에도 그랬다. 아름다운 포옹, 정말로 아름다운 포옹이 이어졌다.

난 그가 왜 무대 한 모퉁이에서 30년 동안이나 불편하기 그지없는 나무의자에 기도하는 자세로 앉아 있었는지, 왜 그 모습이 내게만은 유독 고행의 길처럼 느껴졌는지 이해되었다. 이어진 술자리에서 그가 말했다.

"일본에서 연출가는 제왕입니다. 우리의 임무는 연출자의 의도를 정확하게 이해하고 그의 의도를 한 치의 빈틈도 없이 수행하는 것입니다. 대체로 공연을 준비할 때 연출가가 와서 디렉션을 주고 가면 우리는 다시 가까이서 그를 볼 기회가 없습니다. 그런데 선생께서는 매일같이 극장에 오셨습니다. 먹을 것, 마실 것을 한 아름 들고 항상 웃으며 들어섰습니다. 일본에서는 볼 수 없는 광경입니다. 그런 선생님을 따라 배우들도 극장을 드나들며 선물을 가져다주었습니다. 대체로 맛있는 음식들이었습니다. 그리고 당신들은 마치 형제자매처럼 서로 장난을 치고 웃고 하더군요. 그것 또한 일본에서는 볼 수 없는 광경입니다. 극장 안에서 연출과 배우가 술래잡기를 하는 건 꿈을 꿀 수도 없는 일입니다. 그러고도 당신들의 공연은 환상적이었습니다. 단 한 번의 실수도 나태함도 없이 무대 위에서 최선을 다하는 그 모습을 보고 저는 한국인의 힘을 느꼈습니다. 당신들의 진정한 힘 말입니다."

✦

연극실험실 혜화동 1번지
1993 ~

연극실험실 혜화동 1번지를 만들었다.
극단의 작업실이었다. 36평의 작은 공간이어서
극장이 되기에는 협소하기 짝이 없었다.
지금처럼 지원이 활성화되기 훨씬 이전이어서
많은 연극인들이 연습장, 공연장 하나
변변히 마련하지 못하는 상황이었다.
공공 연습장은 턱없이 부족하고
극장 대관료는 너무나 비쌌다.
나는 연습장을 개방하기로 결정했다.

이곳이 연극 1번지입니다

연출가 몇을 불러 모았다. 채승훈, 이병훈, 이윤택, 기국서, 류근혜, 박찬빈이었다. 연극실험실을 만들어 우리가 나눠 쓰고 또 후배들에게 조건 없이 물려주자고 했다. 의외로 모든 멤버들이 참여하겠다고 했다. 우리는 각자 500만원을 갹출하고 나중에 200만원을 추가로 부담하면서 극장 공사를 시작했다. 턱없이 부족한 예산으로 극장을 만들기 위해 나와 극단 무천 단원들이 허리띠 졸라매고 노동을 시작했다. 그리고 2년 후 이 극장을 고스란히 2기 멤버인 김광보, 최용훈, 이성열, 손정우, 박근형 등에게 고스란히 물려주었다. 그들은 3기에게 또 그들은 4기에게, 대물림이 시작되었다.

1993년이었으니 어언 30년이 되었다. 그곳에서 배출된 연출가들이 대한민국 연극의 기수가 되었다. 1차 실험공간의 역할을 충분히 해낸 빛나는 공간, 협소하기 짝이 없는 그 공간은 명실공히 명예의 전당이 되었다. 나는 아직도 그 공간의 창립자로서 찬사를 듣는다. 또 내가 한 일 중에 스스로가 가장 잘한 일이라 자부하는 일이기도 하다. 후배들이 흘린 땀으로 영광을 거두는 격이다.

3기 동인들이 감사패를 주었다. '이 어둠 속에 홀로 앉아 계셨을 선배님을 생각합니다.' 그 감사패에 새겨진 문장이다. 그리고 그 문장은 내 마음속의 등불처럼 언제고 힘든 나를 부축한다.

2010년 연극실험실 혜화동 1번지에서 4기 동인들의 페스티벌이 열리고 내게 프로그램에 실릴 글을 청탁했다. 아래는 그 전문이다.

30평이 조금 넘는 작은 공간, 그나마 기역자로 휘어 연습장으로 최상의 조건이랄 수 없었던 이곳에 처음 둥지를 튼 것은 1991년의 일입니다. 지인들의 땀을 빌려 어렵사리 빚어낸 극단 무천의 연습 공간이었습니다. 그 시절 대부분의 연극인들에게 주어진 고통은 준비된 영혼들을 담아낼 연습장도 공연장도 턱없이 부족하다는 것이었습니다. 지금처럼 정책적 지원 창구가 흔치 않았던 그때는 창작자 스스로가 대부분의 제작 경비를 책임져야 했습니다. 순수연극을 꿈꾸는 젊음들은 어설픈 상업주의와 결탁하지 않으면 안 되는 척박한 현장에 내몰린 격이지요. 더불어 고난을 나누고 지탱해서라도 창작의 원동력인 실험정신을 지켜 나가자는 취지로 연습장은 창작 공간으로의 탈바꿈을 시도했습니다. 1993년, 시대의 열악함이 빚은 보물 같은 공간 연극실험실 혜화동 1번지가 탄생했습니다.

뜻을 함께한 이윤택, 채승훈, 이병훈, 박찬빈, 기국서, 류근혜, 황

동근(연극실험실 혜화동 1번지 1기 회원들)이 모였고 연극실험실 혜화동 1번지가 문을 열었습니다. 그리고 1기, 2기, 3기, 4기가 바통을 이어가는 동안 16년이라는 세월이 흘렀습니다. 초라하기 그지없었던 이 공간은 젊은 연극인들의 땀과 열정의 대물림으로 한국 연극의 대표적인 인재들의 산실이 되었습니다. 그렇습니다. 이곳은 연극의 시발점인 실험정신에 도전하고, 창작 이외의 여건에서 보호되어야 하는 젊은 예술가들의 낙원이며 대안이고 희망의 공간입니다. 비루한 현실에 맞설 젊음의 힘과 자존심을 담아 넘치고 빛나는 창작 공간입니다.

실험과 도전이란 실패를 두려워하지 않는 용기를 지닌 자들의 무대입니다. 가난과 무관심과 비난을 포용하는 당당한 신념들의 영역입니다. 타협이나 추세와는 상관없이 자신의 연극언어로 맞서고 소통하기를 꿈꾸는 자유롭고 창의적인 영혼들의 세상이며 고정관념을 박살내고 비전과 가능성을 창출하는 리더들의 영역입니다. 연극실험실 혜화동 1번지는 그렇게 실험과 도전하는 자들의 고뇌와 눈물과 땀의 역사를 담아냈습니다.

이곳이 연극 1번지입니다.

대리석 한 조각도 폭발적인 대중의 갈채도 없는 오로지 내면의 식은땀이 연극적 몸짓으로 꿈틀대다 기함을 터트리는 곳, 이곳이 연극 1번지입니다.

그 기함들이 한데 모여 장장 10개월의 페스티벌을 이어갑니다. 모여진 연출가와 작품을 통해 현대 연극의 굵직한 흐름을 가늠해 볼수도 있겠으며 극작가들의 다양한 관점을 통해 현대 연극의 굵직한 테마도 읽어볼 수 있겠습니다. 배우, 미술가, 작곡가 등 한국 연극의 차세대 등장인물들을 미리 만나는 즐거움도 있겠고 과거와 현재를 통해 미래를 가늠하는 성찰의 시간도 있겠습니다. 어렵사리 한데 모여 10개월 동안 이어가는 이 페스티벌은 어설픈 자본의 논리에 우롱당하며 화려한 장식만이 넘쳐나는, 그러나 기실은 상업주의적 발상에서 한 치도 비껴나지 못한 채 호객행위나 일삼는 영혼들에게 정면으로 내미는 도전장 같은 것입니다.

이곳에서 긴 시간의 호흡으로 진지한 탐구에 젊음을 투자했던 후배님들 참으로 고맙습니다. 우리 존재 하나하나가 순수연극을 지키는 파수꾼이었음을 자축하며 서로의 어깨를 두들겨줄 참으로 아름다운 시간입니다. 이 세상에 끊임없이 반항하며 변화와 대안을 제시하는 좌충우돌의 현장이 빚어낸 뚝심을, 그 진가를 발휘하시기 바랍니다. 거친 호흡에 가려진 아주 작은 진실 하나를 관객들에게 선물하는 알찬 무대가 되었으면 합니다.

청춘의 열정과 진지함과 눈물을 담아 영원할 혜화동 1번지에서 16년 후 다시 만나기를 희망합니다. ✦

2010년 2월 김아라

연출 작업중, 김아라, 김형태, 전진기

✦

메디아 환타지
1994

장미 넝쿨의 왕성한 욕망
그것은 검고 푸른 줄기
폭풍 속에서 유독 빛나는
진땀이다, 발악이다, 서글픈 유서다.

수없이 낙태를 거듭한 자궁에서
마른 버즘이 피어난다.
그녀의 비단 웨딩드레스는 타오른다.
화염 속에서 침을 흘리며
마침내 오르가슴에 도달한 메디아가 웃는다.
그 웃음 저 너머
수줍은 첫사랑의 처녀성 같은
장미, 장미 바다가 출렁인다.
- 1994년 10월 연습장에서

장미 정원의 메디아

그리스 신화에서 이야기되는 메디아는 주술사이며 사랑을 위해 아버지를 배신하고 동생을 죽인 악녀다. 이아손을 위해 황금모피를 훔치게 돕고 그를 따라 자신의 왕국을 떠났다. 그녀는 모든 것을 버렸다. 그를 위해. 그런데 그 남자가 배신했다. 메디아는 복수한다. 웨딩드레스를 입은 새 신부를 불태우고 이아손과 낳은 자식 둘을 살해한다. 말 그대로 복수치정극이랄 만큼 잔혹하다.

메디아의 삶은 죽음으로 가는 긴 여행이었다. 그런데도 인간은 끊임없이 자만과 탐욕으로 생을 먹칠하는구나. 신의 이름으로 저주하고 탄식하고 배신하고 탐욕하는구나. 비극을 부르는 기원전 하마티아(Hamatia)의 세계에서 현재에 이르기까지 인간이 벗어나지 못하는 이 애욕의 굴레는 무엇인가. 그 의문의 끝자락에서 나를 치유하듯이 세상을 치유할 힘이 연극에 있을지도 모른다는 희망이 솟아났다.

비극을 부르는 우리의 운명적 결함, 하마티아의 세계에서 나는 슬프고 사랑스러운 메디아의 운명을 살아보기로 했다.

작가에게 유리피데스의 〈메디아〉와 하이네 뮐러의 3부 단막극 〈황폐한 강변, 메디아 소재, 아르고 선원들이 있는 풍경〉을 본 텍스트로 재창작하기를 권유했다. 사회면 기사 혹은 막장드라마에서 단골로 취급되는 사랑과 배신과 복수와 살인이라는 흔한 사건의 공식이 아니라 오로지 메디아의 광기 어린 분노의 세계를 통해 인간 내면의 소요를 읽어보자고 했다. 비명 아닌 읊조림으로 그녀의 절규보다는 변명을 들어보자 했다.

나의 〈메디아 환타지〉는 긴 사랑의 아리아 같다. 메디아의 절규가 내게는 가늘고 나약하며 절실한 소프라노로 들려왔다. 작가와 각색 과정에서 나는 두 명의 메디아를 요구했고 현실의 메디아와 그녀를 바라보는 메디아의 혼이 화음 혹은 불협화음으로 서로에게 화답하듯 이중

〈메디아 환타지〉, 강수연

창을 연주하도록 했다.

두 사람은 현재와 과거라는 시제로 나뉘어 주관과 객관의 시선, 바라보기와 실현의 이중 이미지를 발산한다. 희망은 절망을 부추기고 절망은 희망의 안타까움을 부추겼다. 그들은 라이브 피아노 선율과 회전하는 무대에 맞추어 인간의 다층적 감정의 소요를 연주했다. 여인들로 구성된 코러스, 흰색의 회전무대와 검은 피아노, 바람에 날리는 흰 장미꽃과 화석이 된 청동 애견상, 공중에서 철제 테이블로 낙하하던 피 등… 사랑의 기쁨과 슬픔으로 관객을 애무하는 연극. 나의 최선은 인간의 선과 악의 본질에 대한 탐험일 뿐 이야기의 답습이 아니었기 때문이다.

메디아는 천상에 앉아 그네를 타고 있다. 죽음이 모든 것을 지웠다. 그녀는 자신이 당도할 지옥의 문을 향해 노래를 부르며 그네를 타고 간다. 멀리 구름을 탄 아이들과 함께. 벌써 날개가 자라 어깻죽지가 가려운 아들들의 황금빛 몸매가 보인다. 들려오는 천상의 소리는 오래전 사랑하는 이의 정원에서 듣던 수금 연주다. 그녀는 기억의 사랑가를 따라 흥얼거리기도 한다.

그리고 불과 함께 산화해 버린

그 숱한 오르가슴의 순간들을 기억해 낸다.

그녀에게 사랑은 오르가슴이다.

육체와 영혼이 하나 되어 내뿜는 탄식의 소리다.

증오로 붉게 타오르던 눈빛을 기억하는 그녀는

잃은 것이 많다. ✦

✦

이디푸스와의 여행
1995

기차는 선로 위를 달린다. 출발 지점과 도착 지점이 같다.

탄생과 죽음 같다. 많은 사람이 떠나고 돌아온다.

그러나 결국 기차는 뫼비우스의 띠처럼 생긴 선로 위를 달릴 뿐이다.

정해진 장소와 약속과 만남의 희망을 싣고 기차는 달린다.

희로애락의 인생 이야기를 싣고 밤과 낮을 달린다.

그렇게 시간이 흘러간다.

기차는 돌고 돈다.

끝없는 여행

출발 지점과 도착 지점이 같은 기차의 선로 위를 배우들과 함께 달려본다.
존재의 불확실성을 윤회의 이미지에 실어본 연극 〈이디푸스와의 여행〉
불안하고
서글프고
아름다운 이 여행의 종착역은 어디일까?
혹, 구원이라는 아주 낯선 곳이 아닐는지.

1995년 3월 돈암동 연습장에서

이 연극은 두 편의 텍스트를 한데 묶어 하나를 이룬다. 소포클레스의 〈오이디푸스 왕〉과 장정일의 〈긴여행〉이다.

이미 알려진 바와 같이 〈오이디푸스 왕〉은 아비를 죽이고 어미와 결혼해야 하는 저주스런 운명을 타고난 한 인간의 이야기다. 운명을 한 치도 거스르지 못하고 결국 인과응보의 저주 속을 살아온 자신의 정체를 확인한 인간 오이디푸스는 비극적 파국을 맞는다.

〈긴여행〉은 아버지를 찾아가는 한 소녀와 목적지가 불분명한 한 사내가 무임승차라는 공통의 운명을 지닌 채 기차 지붕 위에서 만난다. 그들은 섹스를 하고 그들을 뒤쫓는 검표원을 살해하며 그로 인해 끝없이 도망을 다니지만 결국은 출발 지점이었던 기차 지붕에 도달한다. 두 사람은 혹시 부녀지간은 아니었을까? 도처에 불길한 암시가 박혀 있다.

피할 수 없다. 기차는 선로 위를 달린다.

출발 지점과 도착 지점이 같다.

우연히 기차를 탔다.

우연히 두 남녀가 만났고 사랑을 나눴다.

오이디푸스의 이야기를 재미나게 들려주기도 했다.

오이디푸스의 비극이 전개된다.

기차 위의 남자가 우연히 살인을 한다.

모든 것은 우연이었지만 남녀는 막무가내로 도망을 친다.

하늘로, 바다로, 마을로, 기차로…

남녀는 달리는 기차 위로 몸을 던졌다.

다시 지붕 위. 원점으로 돌아왔다.

그 지붕 위에는 언젠가 그들이 써놓은 낙서의 흔적이 남아 있다.

그 기차에는 눈먼 오이디푸스도 앉아 있다.

도망 중이다.

끝없는 여행이다.

빌어먹을 운명처럼 그들은 지금도 죄악으로부터 도망 중이다.

기차는 그들을 싣고 뫼비우스의 띠 같은 선로 위를 달릴 뿐이다.

시간이 흘러간다. 기차는 돌고 돈다.

우리의 운명이 그러하였다. 서른여섯 개의 짐 보따리를 들고 서울에서 도쿄로, 덴마크 아루스로, 다시 서울에서 영월로 여수로, 베이징으로 베를린으로… 우리는 하늘로 바다로 육지로 마을로 비행기를 버스

〈이디푸스와의 여행〉, 유영환, 지춘성

를 기차를 타고 여행했다. 우리는 사랑했고 미워했고 각자 피곤했고 외롭기도 했다. 그러나 무대 위에서 모두는 최선의 무대를 소원했고 관객은 기립박수로 우리의 소원에 화답했다.

장미문신을 시작으로 신더스, 독배, 엘리펀트 맨, 에쿠우스, 사로잡힌 영혼, 숨은 물, 메디아 환타지 그리고 이디푸스와의 여행까지 나와 함께한 나의 짐 보따리와 동행한 이름들에게 무한한 사랑을 전한다. 우리는 미친 듯이 운명을 살았고 운명은 박수갈채로 환호하며 무한한 영광을 선물하였으므로… 기쁨은 늘 고난보다 컸다.

아, 사랑해야지. 모든 공연을 마치고 나는 연극을 인생을 그저 사랑해야지 하는 생각으로 울었다. 결국 극장 안에 모든 것이 있었다. 기쁨도 슬픔도 절망도 분노도 그리고 희망도 내게는 연극 안에만 있었다. 떠나고 돌아오는 곳도 결국 내게는 연극이었다.

〈이디푸스와의 여행〉, 남명렬

그리고 지금까지 살아온 방식대로, 그리고 하던 방식대로 안주하며 살기에는 너무 시간이 없다는 생각이 들었다. 죽음과 너무 가까이, 너무 많은 대화를 나눠버린 몇 년이 지난 후 나는 조금씩 진지하게 나를 정리해 나가야 한다고 생각했다. 이 순간을 위해 준비해 놓은 곳이 있었다. 하루에 시내버스가 세 번 오는 죽산 마을의 산속이었다. 사람들은 자연과 벗하며 세속을 벗어난다고 생각했겠지만 사실은 나의 현실로 돌아가려는 것이었다. 매우 직접적인 현실 속을 두 발로 맨주먹으로 버티고 서서 살아보려는 것이었다. 갈채와 영광을 물리치고 훌훌 떠나버린다는 것, 쉽지는 않았지만 그렇게 했다. 몸에 어울리지 않는 옷을 걸치고 당대의 여류로 살아가는 것이 일찍이 덤 같은 생이라는 것을 알았기에 나는 먼지처럼 가볍게 서울을 떠날 수 있었다.

✦

내마
1998

살다 보면 많은 염소를 만난다.
뿔을 낮추고 열심히 풀이나 뜯고 있는 염소들.
뒤뚱뒤뚱 제멋대로 걸어도
제 갈 길을 똑바로 걸어가는 염소들.
아무리 눈을 맞추려 해도 교감은커녕
매엠이나 하는 염소들.
당기면 뒷걸음질 치고 놓으면 달려와 받아버리는
염소들. 그래도 사람에게 져주는 듯
사람에게 당하는 염소들.
여기서 매엠
저기서 매엠
쉬지 않는 염소들.

어차피 염소 피로 치러지는 제사다.
목 잘린 염소 머리를 쟁반에 받쳐 들고
춤추며 나타나는 붉은 드레스의 아로,
그녀의 치마폭 안에서
집권을 꿈꾸는 귀족들은 열심히 칼이나 갈면 된다.
그 쟁반에 목을 얹을 다음 차례는
내마라는 이름의 역사기록관. 곧 진실이었다.

염소들의 합창

〈내마〉는 작가 이강백의 첫 장편 희곡이다. 혈기 왕성한 20대에 그가 쓴 이 작품은 1970년대의 시대 상황을 우화적 기법으로 쓴 서사다. 등장인물을 살펴보면 마립간, 귀족 등 신라시대를 배경으로 하지만 왕정 이전의 부족국가에 더 가깝다. 작가는 권력을 향한 암투, 억압, 강대국에 의한 지도자 옹립, 무력 쿠데타 등, 해방 이후 한국의 정치, 역사 현실을 은유하면서 유신 체제의 검열에 걸려 문제를 일으킨 작품이다. 거대한 관이 운구되는 장면이 당시 영부인의 피살사건을 연상시킨다는 것이 문제라는 둥 시대의 아이러니를 겪어낸 작품이기도 하다. 정치 현실에 민감했던 작가 이강백의 초창기 희곡 〈내마〉는 그의 대표작이랄 만큼 탁월한 서사와 은유의 세계로 무장되어 있다.

이 작품은 개인 차원의 이상 추구만으로 정치·사회적 폭력을 깨

〈내마〉, 박상종

기란 불가하다는 절망이 기저에 깔려 있다. 1974년 발표 당시의 시대적 상황을 표적으로 한 젊은 피의 저항이 뚜렷하다. 1998년 예술의전당 기획, 이강백 연극계의 개막 공연으로 초청받아 이남희, 박상종, 노영화, 전진기, 최경원, 고성희, 정승재, 손상희 등이 참여한 공연이었다.

전(前) 마립간의 장례식을 마친 귀족들, 이들은 새 마립간으로 눌지를 초대하는데, 강대국에서 온 대사가 23년 전 인질로 잡아갔던 실성을 데려와 강제로 왕위를 계승하게 한다. 극심한 외로움에 시달리는 실성은 역사기록관 내마에게 자신처럼 세상이 외롭다는 것을 이해해 줄 것을 요구하지만 내마는 그 사실만큼은 동의하지 않는다. 실성은 내마를 설득하기 위해 주위 물건들에 제멋대로 이름을 붙이고 세상의 아름다운 것들을 하나둘씩 깨뜨려버린다. 그의 횡포는 날이 갈수록 심해지고 눌지의 동생인 미사흔과 복호는 인질을 자청해서 강대국으로 도망간다. 귀족들은 내마를 매수하여 실성을 달래려고 한다. 급기야 실성은 눌지와 그의 딸 아로를 강제로 결혼시킨 뒤 신혼여행에서 돌아오는 눌지를 죽여버리라고 내마에게 명한다. 하지만 내마는 눌지를 죽이지 못하고 오히려 실성 암살의 칼을 건네받기에 이른다. 결국 내마는 한쪽 팔이 잘려나가는 부상을 입고 새로운 시대를 열며 영웅이 된다. 그러나 자유의 시대도 잠깐, 절대권력의 부재는 혼란과 혼돈을 불러들이고 수습할 능력이 없는 귀족들은 '마립간의 부활'을 주장하는가 하면 민생문제 처리보다는 마립간이 누가 될 것인가에만 관심을 기울인다.

결국 눌지는 실성 암살 때에 마립간이 되지 않겠다고 한 약속을 깨고 무력으로 마립간을 차지하고, 이에 항의하는 내마에게 눌지의 부인 아로는 스스로의 벌칙(약속을 깨뜨리면 염소를 아버지라고 부르겠다고 함)을 지키겠다고 하지만 근위병을 시켜 자신의 염소를 죽이고 시장의 모든 염소를 매점매석하여 내마가 염소를 구해 올 수 없도록 만든다.

이러한 상황에서 내마는 죽지 않고 근위병으로 위장한 실성 앞에서 드디어 자신의 외로움을 인정한다. 마지막으로 눌지를 찾아가 마립간을 포기하라고 설득하려던 내마는 성난 귀족들의 손에 죽임을 당한다.

실성을 암살하여 잠시 자유를 맛보는 듯했으나, 자유를 감당하지 못하는 사회 상황과 국가에 대한 소명을 앞세워 무력으로 권력을 장악하는 눌지에게서 수많은 권력자들의 말 뒤집기와 자기 합리화의 모습을 발견할 수 있다.

염소는 말을 듣지 않는다. 아주 매력적인 동물이다. 염소는 자존심도 있고 개성도 있어 주인이 아무리 명령을 해도 자신이 원치 않으면 뿔로 들이받는다. 아무리 세월이 지나도 주인의 마음을 아는지 모르는지 자기 원하는 대로 사는 것이 염소다. 길들여지지 않는 동물 중에 염소만 한 동물이 없다는 것을 아는 사람은 흔치 않다. 내가 아는 사람 중에 그래서 염소를 키우고 염소와 한바탕 씨름하는 것을 취미로 삼은 사람도 있다. 사람의 머리는 동물보다 간교해서 항상 염소가 당하기 일쑤지만 당한 척하는 염소의 꿍꿍이속을 알지 못하는 것은 마찬가지다.

〈내마〉에는 염소를 치는 아로라는 여자가 등장한다. 염소나 치는 천덕꾸러기 고아였는데 이국 땅에서 돌아와 외세를 등에 업고 왕관을 쓴 실성의 딸이다. 하루아침에 염소치기에서 공주가 되어버린 그녀는 누가 뭐라 해도 염소와 논다. 사람보다는 염소와 더 교감이 되는 듯한 이 여자는 자신도 염소처럼 천방지축 거침이 없다. 염소밖에는 취미가 없고 염소처럼 고집이 센 그녀가 권력 앞에서 이 세상의 모든 염소를 피 흘리는 고깃덩어리로 만들어버리는 과정이 이 연극의 백미다.

새로운 마립간으로 등극한 눌지의 아내가 된 아로, 만약 내마의 후속 편이 있다면 눌지를 누르고 마립간이 된 아로의 등장을 다루어볼 만하다. 그녀에게는 비장의 무기가 있는데 염소에게서 얻은 지혜다. 인

〈내마〉, 전진기

간에게 당하면서도 매엠 하는 염소의 속을 인간이 알 재간은 없지 않겠는가.

행렬

무언가를 찾아서 가는 것 같지만
정작은 무언가를 버리기 위해 가는 것일지도 몰라.
걸친 옷에 호주머니 없고 손은 비어 있으니
버릴 것은 모두 마음 안에 담아둔 모양이다.

내일 걸을 길은 또 다른 곳이다.
날마다 행선지가 다르나 걷는 모습은 매한가지,
그러니 되풀이되는 이 가는 일은
필시 어제 갔던 그곳을 지우려는 것.

자칫 허망한 몸짓처럼 느껴진다.
허나 순례자의 모습을 보라
소리 없이 몸 안의 사리만 영글어가고 있을 터.
 간간이 숲의 바람이 '넌 살아 있다'라고 말했다.
그럴 때면 또 그 바람이 가슴에 집을 짓는다.
내 안의 슬픔, 내 안의 분노, 내 안의 고통도
바람의 뼈대에 걸린다.

그때마다 숨이 한 번씩 멈춘다.

고통은 사족이다.

오갈 데 없는 작은 곤충 하나가 부지런히 길을 갈 때

가만히 흙을 다듬어 갈 길을 터주었다. ✦

✦

여기는 죽산
1996 ~ 2008

죽산으로 온다. 황폐하다.
살가죽 날아가버린 붕어의 가시만이 빛나는 겨울.
바람이 날카롭다. 그리도 정적이…
그 속에 살아 있는 그 무엇이 숨을 있는 대로 죽이면서
살아라 살아라, 조금만 더 살라고 속삭인다.
- 1995년 1월 죽산에서

죽산이라는 섬에서

작업장에서 밖을 내다보면 호수가 보인다. 창과 호수 사이에는 논이 있다. 봄을 알리는 여러 가지 풍경이 있지만 이른 새벽 어둠이 걷힐 때 논두렁을 걸어오는 할머니 한 분을 본다.

"봄이 왔구나!"

할머니는 호수 반대편 산에서 사신다. 그 할머니의 할머니와 할머니와 할머니와…. 대대로 수를 헤아릴 수 없는 깊은 뿌리가 땅속 알 수 없는 수맥처럼 온 산에 뻗어 있다. 여든일곱 해를 사신 그분은 귀가 멀어 듣지 못하고 사람을 봐도 잘 알아보지 못한다. 할머니와 소통하기는 쉽지 않다. 그래서 할머니는 늘 혼자다. 잔칫집에서도 집 안에서도 우두커니 늘 혼자 앉아 계신다.

우리는 그분을 홍씨 할머니라 부른다. 정확히 이야기하자면 홍씨 가문으로 시집을 와 홍씨 성을 가진 자식들을 낳은 할머니라고 해야 할 것이다. 분명 당신의 이름 석 자가 버젓이 있었을 테지만 의미가 없다. 아무도 불러주지 않는, 알려고 하지도 않는 이름이므로…. 중요한 것은 그 할머니가 그런 사실을 조금도 마음에 두지 않는다는 것이다. 당신은 표정이 없다. 즐거움도 슬픔도 화냄도 없는 그 표정은 어둡지도 밝지도 무겁지도 가볍지도 않다. 달인의 표정이 저럴까. 그 표정은 다만 뭐라 표현할 길 없는 인간의 근엄한 기운을 담고 있다.

그렇다. 그 기운은 앎에서 오는 기운이다. 사는 길을 알고, 가는 길을 아는 사람의 그것이다. 당신의 앎은 수다를 떨지 않는다. 나는 가끔 그분의 침묵 속으로 여행을 하고 싶다. 퇴적된 먼지 속 화석 같은 그분의 기억 속을 여행하고 싶다. 여든일곱 해의 생애를 한 올 한 올 풀어가 보고 싶다. 나는 단지 냉기가 도는 새벽 논두렁을 사뿐사뿐 밟고 오는 그 노인의 기다림이 왜 그리 감동적인지 알고 싶을 뿐이다. 한겨울이면 하루하루가 잔치인 마을회관에 단 한 번도 모습을 드러내지 않은 채 겨우내 방 안에 계셨던 그분이 누구보다 봄기운을 먼저 알아차리고 모두가 잠든 새벽에 혼자 논두렁을 서성이는 까닭을 알고 싶을 뿐이다. 나는 그 봄의 의미가 알고 싶을 뿐이다.

나는 할머니의 침묵 속을 드나드는 여행에서 희생이라는 소중한 낱말을 깨닫는다. 생명에 대한 희망… 그것이 어둠 속에서 어둠의 일부처럼 홀로 논두렁을 걸어오는 노인의 발자국에 실려 있는 것이다. 아무도 알고자 하지 않고 불러주지도 않는 이름을 가진 홍씨 할머니처럼 봄을 살고 싶다. 온 산에 뻗어 있는 알 수 없는 수맥처럼 이 땅의 기운으로 살고 싶다. 그리고 나의 아이가 나의 기다림을, 내가 오늘 홍씨 할머니를 통해 보듯 바라봐줄 날이 있기를 염원해 본다.

연출가, 화려한 직함이다. 특히 그녀의 무대를 보면 그 스케일과 스펙터클과 남성적인 힘과 실험성에 놀란다. 그리고 실험적이며 도발적인 그녀의 연극에는 팬이 많다. 그녀는 한국을 이끄는 100인에도, 한국 연극을 이끄는 5인에도 선정되었고 일본과 유럽 등 국제무대에서도 명성을 날렸다. 한국의 웬만한 연극상은 다 휩쓸었고 이제 그녀는 그녀 소유의 야외극장을 만든다. 그녀는 지적이며 교만하다. 남성적이고 활달하며 독하고 화끈하다. 그녀는 패셔너블한 스타일리스트다. 모던하며 열정적이다. 이쯤하면 웬만큼은 다 알겠지. 바로 연극 연출가 김아라다.

또 한 여자가 있다. 일을 할 때는 항상 웃는 여자. 배우들에게는 호령보다 속삭이는 것을 좋아하는 여자. 아직 수줍음이 많이 남아 마이크를 들이대면 협심증에 시달리는 여자. 인터뷰와 회의를 못 견디는 여자. 40년을 한결같이 집 – 작업장 – 극장에서만 살았던 여자. 사회생활은 커녕 누군가 방문해 주지 않으면 만날 수도 없는 여자. 아주 가까운 친구조차도 연극이 아니면 잘 볼 수 없는 여자.

먹을 것 바를 것 심지어 입는 것까지 주변에서 챙겨줘야 버티는 나사가 빠진 여자. 일상생활이라면 전기요금 청구서 한 장 변변히 챙기지 못해 몇 개월씩 연체료를 물어야 하는 여자. 있을 때는 부자이고 없을 때는 거지인 여자. 일년 내내 부자와 거지 사이를 오가며 그래도 희희낙락 즐거운 여자. 평생 현실과 비현실을, 일상과 직업을 구분하지 못하고 대충 버벅대며 사는 불구의 여자, 그러나 작업에 부딪히면 무섭게 빠져드는 여자. 가까운 사람은 다 안다. 바로 김아라다.

내 안에 또 다른 내가 있다. 동전의 양면처럼 보이기도 하고 보이지 않기도 하는 얼굴이 있다. 오랜 시간 공을 들여야 비로소 보이는 진실, 그 진실을 만나지 않고 진정으로 그 사람을 만났다고 할 수 없다. 아름다움 속에서 추함을 보듯이, 햇빛 아래서 그림자를 읽듯이 화려한 이름 뒤에는 늘 허술한 얼굴이 숨어 있다. 그리하여 숨은 그림 찾듯 나는 사람을 만나면 깊이 눈을 맞춘다. 그것도 오래도록.

김아라와 걸었다. 아주 어렸을 적, 정원의 소나무에 기어올라 바다를 내려다보고 있을라치면 일하는 언니가 밥 먹어라 소리소리 지르며 찾아다닌다. 그래도 꽁꽁 숨어 숨죽이고 있다가 하나밖에 없는 외동딸을 단속하지 못하고 밥때를 거르게 한다는 엄마의 불호령을 들을라치면 슬그머니 나타나 언니의 눈물을 닦아주던 그 아이였다. 비라도 올라치면 우산을 들고 내리막길 신작로를 혼자 노래 부르며 돌아다니던 아이, 늘 혼자 다니기를 좋아하던 그 아이, 항구도시 여수에서 중학을 마치고 서울로 유학을 와 문화적 충격에 헤매던 아이. 그리고 시와 소설과 사상전집을 끼고 살던 문학소녀. 그러던 중 연극을 만나 평생 연극으로 가버린 그 아이. 그 아이의 내면에는 남도의 피가 끓는다. 잡초처럼 불가능할 때 힘이 솟는, 확신이 서면 그대로 직진하는, 한 번 빠지면 자신도 알 수 없는 광증에 시달리는 남도의 피가 끓는다.

섬을 그렸다. 서울로 유학을 온 나는 참 외로웠다. 빨간 트랜지스터 라디오 하나가 유일한 친구였다. 지리도 어둡고 어색하고 세련된 아이들의 서울 말씨와 행동에도 주눅이 들었다. 유일한 서구식 교육의 남녀공학 학교는 교복도 없고 머리 모양도 자유로웠다. 외교관이나 사업가 혹은 정치인, 교수들의 자녀가 대부분이었으니 요즈음의 국제학교 같은 곳이다.

문학소녀인 나는 글을 쓰는 낙으로 살았다. 그리고 방과 후 혼자만의 도시 여행에 흠뻑 빠졌다. 재래시장을 구석구석 훑기도 하고 갤러리에도 가고 공원에도 가고 영화관도 가고 마냥 혼자 싸돌아다녔다. 그러던 어느 날, 명동예술극장 앞을 지나다가 〈메디아〉라는 연극 포스터를 봤다. 나는 표를 샀고 그날은 내 미래를 결정하는 날이 되었다. 연극의 세례를 받은 것이다.

집에 와서 백지 위에 섬 하나를 그렸다. 그리고는 선착장에서 섬의 꼭대기까지 오르는 길가에 음악회장, 무용 공연장, 전시장을 그렸다. 그 모든 장르가 펼쳐지는 산길을 다 오른 맨 위에는 마치 분화구 모양 같은 야외극장을 그려 넣었다. 이 모든 장르가 하나로 모여 공연이 이루어지는 것이다. 고등학교 2학년 때의 사건이다.

그로부터 26년이 흘렀다. 나는 죽산이라는 섬에서 그 옛날의 도면을 꺼내 들었다. 인생의 우여곡절을 다 겪어낸 40대의 나였다. 초심은 반짝반짝 빛이 났다. 모름지기 황홀했으며 신났다. 꿈은 필연처럼 현실로 왔고 나는 나의 밑도 끝도 없던 꿈이 현실에서 그리는 그림에 전율하고 있었다. 누구도 가르쳐주지 않았고 말리지 않은 꿈. 아니, 그럴 수도 없었다. 운명이었다.

그 자신감은 어디서 왔는가? 관객이었다. 나만의 무대 문법을 가지고 한 치의 의심 없이 무대에 쏟아부었던 내 무대를 향한 그들의 박수 때문이었다. 나를 키운 건 8할의 바람이 아니고 8할의 눈들이었다. 무대를 사랑하는 이들의, 나를 이해하고 나를 바라봐주는 그 기대와 사랑의 눈빛이었다.

무천캠프 야외무대

✦

오이디푸스 3부작
1996 ~ 1998

神話

세상은 누가 만들었는가?

이 세상은 어떻게 종말을 맞을 것인가?

최초의 인간은 누구인가?

죽음 후 우리의 인간은 어디로 가는가?

과거의 제의, 현재의 제의
(Ritual past, Ritual present)

　고대 그리스의 위대한 극작가 소포클레스의 남아 있는 일곱 작품 중 오이디푸스 일가의 이야기를 다룬 〈오이디푸스 왕〉〈콜로누스의 오이디푸스〉〈안티고네〉, 세 작품을 〈오이디푸스 3부작〉으로 묶었다. 소포클레스가 3부작을 연대기적으로 쓴 것은 아니지만 오이디푸스의 탄생비극 → 죽음으로 가는 오이디푸스 → 자녀들의 비극 순으로 엮었다.

　원작의 1부인 〈오이디푸스왕〉은 오만한 인간에게 가해진 신의 처벌로서 자신의 아비를 죽이고 어미와 불륜의 자식을 생산해 내는 비극, 심리학 용어인 '오이디푸스 콜플렉스'의 기원 신화이기도 하다.

　원작의 2부는 자신의 눈을 찌르고 방랑의 길을 떠났던 오이디푸스가 콜로노스라는 신성한 땅에서 죽음을 맞이하는 과정을 그린다. 3부 〈안티고네〉에서는 오이디푸스 자식들이 겪는 비극이 그려진다.

　많은 사람들이 오이디푸스의 신을 거스르는 자만을 이야기하지만 내게 오이디푸스는 자신의 몰락을 예감하면서도 진실을 밝히는 데 용감하고 운명에 순응하는 인간이었다.

첫 번째 〈이디푸스와의 여행 – 신의 저주〉

1부는 우리의 전통 타악기와 건반악기의 협연으로 진행되어 본능과 육체적 관능의 세계를 음악적 운율로 풀어낸다. 죽산 야외무대에 어둠이 찾아오면 들판을 가로질러 배우들이 자동차를 타고 등장한다. 배우들의 기차여행과 광기의 도시 테베를 번갈아 오가면서 오이디푸스의 비극적 운명에서 인간의 영원한 비극성을 길어 나르는 제의적 무대였다. 이 작업은 1995년 공연되었던 〈이디푸스와의 여행〉을 개작한 무대였다.

두 번째 〈오이디푸스 환타지 1〉

콜로노스의 오이디푸스를 퍼포먼스로 개작한 작품이다. 장님이 된 오이디푸스가 그의 딸 안티고네의 손에 이끌려 방랑하는 시간, 죽음을 맞는 시간이다. 신에게 맞서고 진실을 두려워하지 않는 오만함이 사라지고 신과의 화해 속에 그는 죽음을 맞는다.

2부는 각기 다른 문화권에서 모여든 6개국의 연주자, 배우들이 출연하여 서로 다른 언어, 소리, 동작을 통해 오이디푸스의 방랑과 화해에 이르는 죽음의 과정을 보여준다. 한 마디 말도 없이 오이디푸스가 산 위로 오르는 과정을 음악과 춤과 함께 50분 동안 공연했다. 49제라는 의식처럼 죽음으로 가는 여행 속에서 구천을 맴도는 그의 영혼 속으로 기억 속의 인물과 소리들이 등장한다. 오이디푸스는 그 모든 것을 벗어 버리고 나신(裸身)이 되어 빛 속으로 사라진다. 그리고 밤하늘에 판소리 구음과 정가와 보이스 퍼포먼스가 울려 퍼진다.

세 번째 〈안티고네 – 인간의 법칙〉

3부는 서울시립극단 제작으로 세종문화회관 소극장에서 막을 올렸다. 1998년 여름 서울에서 열렸던 세계연극제의 공식 참가 작품으로 초청된 공연이기도 했다.

신탁으로 상징되는 운명적 비극은 끝나고 이제 신들이 떠난 인간들의 세상이다. 인간이 법을 만들고 왕은 신의 권리만큼 큰 권력을 갖는다. 권력자 크레온과 안티고네가 대항하며, 인간이 세운 법과 인간의 도리가 부딪힌다.

오이디푸스 환타지2

  덴마크 아루스(Arhus)라는 도시에서 2년마다 국제연극제가 열린다. 1995년 나는 이 연극제의 예술감독 마리아 렉사의 초청을 받아 〈이디푸스와의 여행〉을 공연한 바 있다. 15개국이 참가했는데 2개국 공연이 관객의 기립박수를 받았다. 한 작품은 현대 작곡가의 콘서트였고 다른 하나가 연극 〈이디푸스와의 여행〉이었다.

  2년 후 또다시 마리아 렉사의 프로포즈가 있었다. 연극제 개막 공연을 연출해 줄 수 있냐는 것이었다. 그곳 오페라 하우스의 초청 연출이 극장의 재정 문제로 불발되어 의기소침해 있던 차에 날아온 희소식이었다.

  1997년 6월, 체코, 가나 공화국, 인도 등 6개국 배우들과 웨일즈의 음악가 토니 부룩스(Tony Brooks), 덴마크의 음악가 헨릭 제스퍼슨(Henrik Jesperson) 그리고 코테레가 모여 있었다. 나는 이들에게 한 페이지의 텍스트를 던졌고 열흘간의 워크숍을 진행했다. 그렇게 만들어진 공연이 그해 아루스 국제연극제의 개막 공연 〈오이디푸스 환타지〉였다.

텍스트는 오이디푸스의 죽음과 49제 의식을 접목시킨 50분 동안의 퍼포먼스였다. 상여를 메듯 탯줄을 상징하는 붉은 천을 멘 행렬이 오페라 하우스 앞 분수대로 걸어 들어와 자궁을 상징하는 물 속에서 구천을 맴도는 오이디푸스의 혼을 위로하는 제의적 공연이었다. 이 작업은 오이디푸스 3부작 중 2부의 초연이었으며 훗날 죽산에서 다시 모인 6개국 아티스트들과 함께한 다국적 공연 〈오이디푸스 환타지〉의 프리뷰였던 셈이다.

이바(Eva)는 덴마크 여자다. 대학원에서 연극학을 전공하고 중학교에서 연극을 가르치는 선생이기도 하다. 1995년 덴마크 아루스에서의 〈이디푸스와의 여행〉 공연 때 나는 열흘 동안 현지에서 배우 훈련 워크숍을 진행한 적이 있었다. 스위스, 노르웨이, 프랑스, 아일랜드, 덴마크 등지에서 온 배우 및 연극 교육 종사자들이 워크숍에 참가했다. 이바는 그중 한 사람이었다.

내 워크숍 중에 면벽(面壁) 프로그램이 있다. 벽을 마주하고 앉아 기억나는 최초의 기억부터 현재까지를 죄다 이야기하는 훈련법이다. 나는 학생들에게 우리가 무슨 이야기를 해도 벽은 알아듣지 못하니 편하게 말하라고 했다. 이윽고 학생들이 면벽을 한 채 중얼거리기 시작했다. 웃음소리도 들려오고 훌쩍이는 소리도 들려오고 한숨 소리도 들려왔다.

그런데 유독 한 여자가 서럽게 울기 시작했다. 금발머리에 푸른 눈을 가진 이바였다. 시간이 흘러 그녀가 울음을 그쳤을 때 내가 다가가 그녀를 안아주었다. 그리고 물었다.

"이제 시원하지? 지금부터는 조금씩 덜 슬퍼질 거야."

이바는 배시시 웃으며 고개를 끄덕였다. 안데르센의 동화에 나오는 성냥팔이 소녀의 이미지를 가진, 보기에도 연약하고 순박하기 이를 데 없는 이바를 만난 인연은 그러했다.

그로부터 2년 뒤 나는 이바를 다시 만났다. 내가 아루스 국제연극제 개막 공연 연출 차 다시 그곳에 갔을 때 그녀가 내 조연출을 하겠노라고 자원했다. 이바는 깊은 시골에서 갓 상경한 처녀 같았다. 그녀는 말소리도 작고 말수도 적었다. 그러면서 내가 필요로 하는 일을 말끔히 처리하기 위해 언제나 긴밀히 움직였다. 한 번씩 눈이 마주치면 얼굴을 붉히며 수줍게 웃는 그녀는 영락없는 시골 처녀였다.

헌신과 지혜를 겸비한 이바 곁에는 그림자처럼 따라다니는 남편이 있었는데, 그는 심리학 박사 과정을 밟고 있다고 했다. 그는 이바를 마치 여동생처럼 보살폈다. 그가 이바를 대하는 태도 역시 감동적이었다. 식사 시간이 되면 어김없이 나타나서 아내와 함께 식당에 갔다. 마치 자신이 없으면 이바가 밥을 먹을 수 없는 듯 그는 아내의 식사 시간을 챙겼다. 심리학자인 남편도 아마추어 연극인이었다.

공연이 끝나고 귀국길 배웅을 나온 이바에게 나는 내 쌍가락지 중 하나를 선물했다. 나에게는 의미 있는 의식이었다. 항상 쌍가락지를 끼고 있다가 특별한 인연을 맺은 사람에게 하나씩 나눠주는 나만의 은밀한 의식을 치른 것이다. 그녀는 그 의미를 아는지 얼굴이 한없이 붉어져 내 은가락지를 받아 줘었다. 한 번도 말을 한 적이 없지만 마음으로부터 깊이 우러나오는 존경과 사랑을 난 이바에게서 전해 받았다.

그 만남 후 2년 뒤 나는 죽산 집에서 이바 부부를 맞았다. 한국에 오고 싶어 아마추어 연극인들과 춘천 국제연극제의 거리극에 참가했다고 한다. 새벽 일찍 떠나야 할 그들을 배려해 함께 서울 호텔로 왔다. 아침이 오자 그들은 떠났다. 나는 잠에 취해 있었고 이바 부부는 메모지를 내 차 유리창에 끼워 놓았다. 아침에 날 깨우겠다는 약속을 지키지 않고 그냥 간 것이다. 이바는 변함없이 나의 아침잠까지 배려하고 있었다.

호텔을 나서는데 비가 오고 있었다. 차창의 메모지는 비에 젖어

덴마크 아루스 국제연극제 포스터

있었고 그녀의 다정한 인사는 번져 있었다. 하염없이 울던 이바의 눈물 같았다. 그녀의 비밀이 무엇이었는지 난 알지 못하지만 나는 내 비밀스런 눈물처럼 가끔 그녀가 혼자 운다는 것을 안다.

베를린 세계문화의 집 예술감독인 요하네스 오덴탈 박사라는 사람이 한국 ITI(국제극예술협회)로 팩스를 보내왔다. 내용인즉 그곳에서 두 달 동안 한국의 예술 전 장르를 망라해 '한국 페스티벌'을 여는데 연극 부문에서는 김아라를 꼭 만나야겠다는 것이다. 1996년 봄, 그가 죽산을 방문했다. 마침 무예 워크숍을 진행하던 때였다.

한 시간 정도의 면담과 한 시간 정도의 비디오 감상을 마치고 내가 그에게 제안했다.

"자, 제 극장에 가보실까요?"

저수지를 끼고 연습장 건너편에 나의 극장이 있었다. 그곳에 당도하여 나는 그에게 팔을 펼쳐 보였다.

"이곳이 제 극장입니다."

오덴탈 박사는 웃음을 터트린다. 그도 그럴 것이 논이다. 1,300평 전체가 물구덩이인 논이다.

"당신 미쳤지?"

그의 대답은 외마디 비명을 닮아 있었다.

그로부터 1년 후, 그 논두렁은 극장이 되었다. 공사감독 김아라가 토목공사를 설계했다. 물은 높은 곳에서 낮은 곳으로 흐른다는 사실만을 토대로 배수관을 설치하고 토목공사 설계부터 공사까지 진두지휘했다. 포크레인 한 대와 트럭 200대 분량의 흙으로 야외극장이 만들어졌다. 한여름 뙤약볕 아래서 포크레인 기사와 나는 말달리는 서부 개척자가 된 양 의기양양했다. 주인을 닮은 강아지들은 더위에 축 늘어졌다가도 주인이 달리면 신이 났다.

10년 전에 땅을 매입하고 적당한 시기를 기다려 왔다. 침을 한 번 꿀꺽 삼키고 '관객 10명으로 시작하겠다. 그러나 10년 후에는 저 극장을 관객으로 가득 채운다'는 신념뿐이었다. 어디서 힘이 솟았는지 마음을 먹고 나니 그저 앞만 보였다.

개관 공연에 6개국의 예술가들이 참가를 자원했고 국내의 예술인들이 뜻을 모아 두 달 동안의 합숙 훈련이 시작되었다. 이른바 지옥훈련이다. 참가자들은 농으로 탈영하겠노라고 으름장을 놓고 어려움 속에서도 웃음이 그치지 않는 연습 기간을 보냈다. 때가 되어 그 야외극장에 발전차가 오고, 음향 시스템과 조명 기자재가 운반되는 모습은 우드스탁 콘서트 현장처럼 멋들어졌다.

이윽고 개막 첫날, 서 있을 힘조차 없이 탈진한 나는 그저 될 대로 돼라, 이제 난 모르겠다 했다. 사람들이 몰려왔다. 30여 개 언론사가 취재 경쟁을 벌였고, 600여 명의 관객이 몰려왔다. 처음부터 마지막까지 극장은 만석이었고 공연은 대성공이었다.

그 오덴탈 박사로부터 초청이 왔다. 내 작품 오이디푸스 시리즈가 '한국 페스티벌'의 폐막 공연으로 선정되었노라는 것이다. 다음 해 6월,

〈오이디푸스 환타지〉, 덴마크

우리가 베를린에 도착했을 때, '한국 페스티벌'을 알리는 각종 홍보물에는 내 작품 사진이 실려 있었다. 오이디푸스의 어머니이자 아내 이오카스테를 열연한 배우 남명렬의 사진이었다.

내가 베를린에 있는 동안 오덴탈 박사는 "This crazy woman…"이라는 말로 대중에게 나를 소개했다.

"이 미친 여자가 맨손으로 논을 극장으로 만든 바로 그 여자, 연출가 김아라입니다."

태풍이 왔다. 올 테면 오라지. 추위에 덜덜 떨면서 이를 악물었다. 새벽부터 쏟아지는 폭우에 극장의 대형 텐트가 무너져 내린다. 배수도

관이 넘쳐 극장은 이미 물바다가 되어버렸다. 아침부터 폭우 속에서 사투를 벌인다. 바람에 우산도 다 날아가버리고 빗물은 뼛속까지 스며드는 느낌이다. 여기저기 물길을 파 물을 하수도관으로 흘려보내지만 인력의 한계를 느낀다.

설령 비가 그쳐준다 한들 누가 태풍이 몰아치는 날 야외공연에 올 것인가. 또 출연자들은 과연 공연을 해줄 것인가. 스태프들은 공연을 취소하자고 했다. 배우들은 아예 불가능이라고 단정 짓는 눈치였다.

그러나 이 순간 나는 숙제 하나를 풀어야 한다. 자연에서 하는 공연이 자연을 품지 않으면 어찌 헤쳐나갈 수 있을까? 물론 산불이라든가 지진 같은 불가항력의 천재지변이 있다만.

관객동원에 성공한 덕에 문의 전화는 1분 간격으로 오고 있었다. 관객에게는 무슨 일이 있어도 공연한다고 전하라 했다. 화가 이반 선생이 카메라를 들고 달려와 기록에 남겨야 할 뉴스라며 연신 셔터를 눌러댄다. 그리고 멀리서 조각가 진철문 선생과 건축학도인 박정흠이 달려와 아는 체도 하지 않고 삽을 찾아 달려간다.

우리는 검은 비닐 봉지에 스티로폼 조각을 넣어 방석을 만들었다. 마을을 샅샅이 뒤져 일회용 우비와 우산을 사 모았다. 극장에 대나무를 박아 악기와 연주자들의 자리에 투명 비닐텐트도 쳤다. 하루 종일 한 끼의 식사도 하지 못했는데 힘이 넘쳐흘렀다. 앞뒤를 잴 여유가 없었다. 공연은 밤 8시, 얼마 남지도 않았는데 비는 그칠 생각을 하지 않는다. 6시 30분경, 스태프들이 다시 확인한다. 한풀 꺾인 목소리로 그래, 시작했다가 중단하는 한이 있어도 해보자, 사뭇 풀이 죽은 나의 대답이었다.

관객이 오고 있다. 우산을 쓰고 이 빗속을 200여 명의 관객이 오고 있다. 그리고 7시쯤 기적이 일어났다. 아주 서서히, 서서히 빗줄기가 약해지면서 공연이 시작된 8시에 비가 그쳤다. 더욱 신기한 것은 마치 하느님이 신호를 보내듯 아주 적절한 장면에서 비가 뿌리고 천둥이 쳤다는 것이다. 배우들도 신기가 오르는 것 같았다. 그들은 자신도 모르는 기운으로 태풍과 한몸이 되어 뒹굴었다.

그날 관람객 속에는 작가 장정일 부부와 원재길이 있었다. 훗날 파리에서 만난 그들은, 돌아오는 버스 안에서 말문이 막혀 미쳤어, 미쳤어만 연발할 수밖에 없었다고 그날의 감동을 전했다.

공연을 마친 배우들도 물기 젖은 얼굴로 환하게 웃으며 말했다.

"공연을 안 했으면 어쩔 뻔했어?"

〈오이디푸스 환타지〉, 베를린 세계 문화의 집

안티고네

3부 안티고네는 인간의 법칙이다. 신과 신탁을 떠나 인간이 만든 인간의 법칙에 통제받는 역사가 시작되었다. 신만큼이나 위용을 갖춘 왕이 등장하고 법치국가가 건설된다. 비로소 언어가 복원되었다. 3부는 실내극장을 계획했는데 잠시 몸담고 있던 서울시립극단이 세계연극제에 초청되어 제작하게 되었다. 소포클레스를 떠나 장 아누이의 원작을 재구성했다.

이 세상을 미적 허구로 가득 찬 쇼윈도로 은유하는 작품, 가공된 색채와 소리와 움직임들이 난무하는 그 세상에서 머리 부딪혀 죽는 날짐승들처럼 가볍게 몇 사람을 죽음으로 몰아넣는 인간의 법을 가짜 바로크식(?) 피아노 선율에 맞춰 진행하는 이 연극은 제4의 벽이 필요했다. 무대와 관객 사이의 일정한 거리는 관객에게 객관적 성찰의 기회를 주는 까닭이다.

프랑스의 현대 극작가 장 아누이는 권력에 대항하는 소녀 안티고네의 혁명성을 이야기했다. 인간의 존엄성은 권력의 한계를 넘어선다고 주장하고 있다. 우리의 〈안티고네〉는 이러한 소포클레스의 안티고네와 장 아누이의 안티고네를 원작으로 하여 작가 허한범이 쓰고 나의 재구성을 거쳤다.

무대는 쇼윈도 안의 세상이고 제4의 벽이라는 유리창을 통해 관객은 장식된 아름다움이라는 허구를 바라본다. 위장된 도시의 어둠이 유리창에 투영되고 묘하게 장식된 허구가 만든 은유적 시각성은 나른하고 관능적인 피아노 라이브 연주와 함께 인간성의 몰락을 노래한다.

쇼윈도 안에는 마네킹들이 서 있다. 윤곽을 지운 그림자 같은 얼굴들이 창밖을 게슴츠레 내다보고 있다. 그들은 환각에 취해 있다. 과음을 했든지 마약을 했든지 둘 중 하나임이 분명하다. 이해할 수 있을 것 같다. 눈부신 원색과 화학약품으로 가공된 형광을 견디는 수단이었을 게다.

그렇다. 그들은 가짜로 둘러싸여 있다. 다이아몬드인 척하는 유리구슬과 금발인 척하는 가발과 금실인 척하는 철사줄과 꽃과 나비인 척하는 인조 실크와 가짜 피부와 가짜 젖가슴과 가짜 웃음이 난무한다. 그들은 원색으로 날마다 화려하다.

그들이 말을 한다면 무슨 말을 할까? 어떤 소리를 낼까? 그들이 사랑한다면 어떤 사랑을 할까? 그들의 잠자리는? 그들의 정원은? 그들의 아침 식사는? 그리고 그들의 통치자는 그들을 지배하기 위하여 어떤 노래를 불러줄까?

어둠이 짙으면 짙을수록 그들의 색감은 더욱 빛을 발한다. 그 속에서 사람을 기다리는 소녀의 모습도 더욱 또렷해진다. 두 개의 상반된 그림은 서로의 고독을 강조한다.

우리의 안티고네는 길바닥에 방치된 오빠의 시신을 지킨다. 소년의 눈에는 눈물이 가득하다. 다리도 아프고 배도 고프다. 지배자는 모두 집에 가라고 호루라기를 분다. 쇼윈도에 불이 꺼지고 거리도 단숨에 빈 공간이 된다. 그러나 그녀에게는 그 호루라기 소리가 들리지 않는다. 그녀는 오빠의 장례를 치르기로 한다. 법을 어겼다. 그녀를 처형할 법이 만들어지고 그녀는 합법적으로 지배자에 의해 처형당한다. 아무도 그 가로등 아래 대롱대롱 목이 매달린 그녀의 시체를 묻어주지 않는다. 그녀의 시신은 말라비틀어져서, 천년을 그렇게 말라비틀어져서 그대로 바람이 되어버렸을 것이다.

〈안티고네〉, 여무영

휴머니즘, 모든 예술과 인간을 다루는 법칙의 근거이다. 인류의 탄생 이래 셀 수 없는 과오와 인권 범죄를 답습하고 오롯이 우리는 이 대답을 얻었다. 그렇다면 인간은 완전한가? 그렇지 않다. 우리는 이상으로서 휴머니즘의 가치를 인정하지만 인간이 더없이 나약한 감정의 동물임도 이해해야 한다. 인간적이라는 것, 도덕과 윤리의 범주를 넘어선 인간의 나약함에 모든 비극은 빛을 발한다. 인간은 자만하고 도취하고 뽐내며 정복하고 지배하고 영역 활동을 하는 동물이다. 아이러니하게도 비극은 비극을 부르는 인간의 심성 중 그 허점들을 다룬다. 비극이 앞으로도 영원한 우리의 연구과제일 수밖에 없는 이유다.

무대는 등불이다. 미쳐 돌아가는 세상을 비추는 작은 등불이다. 관찰하는 자리, 속죄하는 자리, 혹은 예언하는 자리다. 마치 성직자의 제단에 밝혀진 촛불 한 자루처럼 무대가 인간 정화의 요람이 되기를 나는 숙원한다. 기도하는 자세로 무대를 바라본다. 생명을, 진리를 찬미하고 그 가치를 추구하는 긴 여정의 나는 오늘도 성찰한다. 내 마음의 어두운 한 구석을 밝히는 그 빛은 무엇인가? 어디로 가야 하나?

✦

셰익스피어의 4대 비극
1998~2005

나무에 물을 주다가 나무를 보았습니다.

나무가 세상 사는 법을 익히다가

나무가 내게 알려준 세상 사는 법을 깨닫습니다.

겨우내 기다리는 법

내세우지도 조급하지도 않게 봄을 맞이하는 법

화려하지도 당당하지도 않게 꽃을 피우는 법 그리고

그냥 턱하니 멀리 서서 사람들을 품어 안는 법 말입니다.

숲이 아닌 나무 한 그루의 이치를 깨닫는 데 20년 걸린 셈입니다.

연극은 마음속의 나무 한 그루를 찾아가는 여행이었던 모양입니다.

오늘은 그래서 또 담배 한 대 피워 물고

석양의 저수지를 바라보며 웃습니다.

- 2000년 여름 죽산에서

인간 리어

리어왕으로 셰익스피어의 4대 비극을 시작하였다. 죽산 무천캠프의 두 번째 프로젝트였다. 첫 번째 작업이었던 오이디푸스 프로젝트와 마찬가지로 음악극이지만 음악인 중심에서 연극인 중심으로 구성원이 결성되었고 배우의 신체 운용과 소리의 세계, 다양한 악기와 다양한 음악 장르를 차용하여 진일보된 음악극으로 진화한다. 이 작업은 연극을 아트 콤플렉스(Art Complex)화 하는 김아라 형식미학의 두 번째 실험 연작으로, 장르 해체 이전의 원시적 공연 양식을 복원하려는 좀 더 구체적이고 진지한 실험이었다.

축제 형식의 공연 양식이 도입되었다. 그리스 비극으로부터 출발한 공통의 주제, '욕망 – 그 비극의 원천'의 연장선이었다. 야외극장에서 각 장르의 개인 아티스트들이 독자적인 전시 및 공연을 펼치고 2단계에서 연극이라는 틀 안에 다시 만나 'ritual past, ritual present'라는 새로운 공연으로 진입하게 되는, 제한되고 고유한 김아라의 축제 문법이 포문을 열었다.

리오(Rio), 리어(Lear). 일본의 중견 작가 기시다 리오가 재창작하였고 내가 재구성한 〈인간 리어〉는 한 인간의 오만과 편견이 불러일으키는 비극적 인생 행로를 통해 인간 내면의 비극적 본성을 탐험하는 무대였다. 셰익스피어의 시적 은유의 세계가 일본 극작가 기시다 리오의 베틀로 짠 비단 같은 설화적 운율로 대체되고 다시 연출자에 의해 육감적인 신체와 소리의 세계로 전형되면서 동아시아적 리어왕의 탄생을 예고했다.

기시다 리오, 1991년 도쿄에서 열릴 '아시아 여성연극회의' 실행위원이었던 그녀가 아시아 연극인 중 공연 초청 한 편을 찾기 위해 한국에 왔다. 별생각 없이 나는 그녀를 만났다. 자신이 극작가라고 했다. 그녀는 내 연극 〈에쿠우스〉를 보았고 그 자리에서 나의 팬이 되었다. 그녀의 적극적인 노력으로 나는 아사히 신문사와 고베 신문사가 공동 주최하는 공연에 특별 초청되었다. 공식적인 만남이었지만 긴 우정의 서막이었다.

일본에 가서야 그녀가 일본을 대표하는 저명한 현대 극작가임을 알았다. 희곡뿐 아니라 시나리오, 각종 뮤지컬 대본 등을 집필해 대중적으로도 친숙한 인물이라는 것도 알았다.

그녀는 나의 첫 일본 방문에 서재가 있는 2층 방을 내주었다. 개인주의가 발달한 일본에서는 드문 일이고 특히 리오처럼 프라이버시를

리오의 리어

완벽하게 챙기던 사람에게는 있을 수 없는 일이었다고 한다. 처음부터 우리에겐 프라이버시가 없었다. 우리는 낮과 밤을 가리지 않고 사는 이야기를 나눴다. 연극 이야기는 안중에도 없었다. 온갖 시시껄렁한 이야기들, 예를 들자면 연애 이야기, 부모 이야기, 어린 시절 이야기 같은 신변잡기를 잠옷 바람으로 뒹굴며 풀어놓았다. 나는 그녀가 사주는 맛난 소면과 안내하는 길거리 풍경과 찻집을 전전하며 그녀가 소개하는 사람을 만나고 대체로 그녀가 짜주는 일정 안에서 움직였다. 그 유명한 기시다 리오가 내 현지 매니저를 자처한 것이다.

그녀의 집에서 짐을 푼 첫날, 첫 술상 앞에서 그녀가 정중하게 나직한 목소리로 말했다. "나는 우리 일본인들이 당신 나라에 자행한 만행을 잘 알고 있습니다. 일본인인 내가 정중히 사과하고 용서를 구하며 당신과 친구가 되기를 원합니다. 받아주세요." 그녀의 눈가에 눈물이 맺혀 있었다. 감동이 밀려왔다. 바로 이것이다. 우리가 한발 가까이 내딛으며 눈물을 닦아주는 순간 문은 열리는 것이다.

그녀는 발렌타인 30년 산만 마셨다. 그리고 원고지에 연필로만 글을 썼다. 도쿄대 법대를 나왔고 게이샤의 딸이라고 했다. 나이도 가르쳐주었다. 애인도 소개해 주었다. 20년 가까이 우정을 나누는 동안에도 새로운 로맨스는 다반사였지만 그 모든 연애가 그녀에겐 음식 메뉴를 고르는 일처럼 가볍고 흔한 일이었다. 술기운이 사라지면 그녀는 늘 고아 같은 모습으로 처량했다. 마르고 광대뼈가 툭 튀어나온 얼굴은 표정이 없었다. 골초에 독주를 끼고 사는 작가, 그런 여자가 목소리는 유독 가늘고 말소리는 작았다. 그녀의 애인은 모든 것을 다 포용하고 그녀를 지켜주었다. 그녀의 예술가로서의 특별함을 무한히 존중하는 듯했다. 집필실에서 쓰러져 의식을 잃고 1년 동안 치매를 앓다 떠난 그녀의 곁을 끝까지 지킨 남자도 그였다.

리오가 떠나고 그녀의 배우 가족들을 만났을 때, 우리 모두는 제각각 리오의 이력을 달리 알고 있었다는 사실을 알았다. 그녀의 나이도, 학력도, 가족 상황도 모두 다르게 알고 있었다. 우리라는 그녀 인생의 등장인물들은 그녀가 상대에 따라 맞춤으로 둘러대는 말을 모두 믿었고 개의치 않았고 그러려니 했던 것이다.

리오에게는 현실도 단지 연극이었을 뿐이다. 그녀의 거짓에 악의나 장식의 흔적은 없었다. 추모식에서 이 사실을 알게 된 우리는 리오가 귀여워서 하하하 웃었다. 그리고 또 그리워서 하염없이 울었다.

바람의 詩

바람

바람이

바람이 불고 있는

바람이 불고 있는 바다

바람이 불고 있는 바다 기슭에

바람이 불고 있는 바다 기슭에 내가

바람이 불고 있는 바다 기슭에 내가 있고

바람이 불고 있는 바다 기슭에 내가 있고 먹고 있다

바람이 불고 있는 바다 기슭에 내가 있고 먹고 있고 마시고 있다

바람이 불고 있는 바다 기슭에 내가 있고 먹고 있고 마시고 있고 핥고 있다

바람이 불고 있는 바다 기슭에 내가 있고 먹고 있고 마시고 있고 핥고 있다

바람을 … ✦

기시다 리오 作 〈리어〉 중에서

Lear again in Koenji Public Theater in Japan. 2010

기시다 리오 생전에 무나카타라는 극단의 배우가 있었다. 그는 리오의 참으로 충직한 동지로서 극단의 살림을 도맡아 했고 때론 개인비서처럼 리오의 곁을 지키며 리오에게 헌신하던 내 연배의 연극인이다. 리오가 세상을 떠난 후 그가 리오 페스티벌을 만들었다. 리오를 추모하고 리오의 작품을 계승하기 위한 취지였다.

그녀가 떠난 지 5년쯤 흘렀을까, 제작 규모를 키운 페스티벌의 기획 공연을 계획하며 무나카타로부터 연출 초청을 받았다.

니나가와 유키오의 배우들, 신주쿠 양산박의 배우들 등 일본의 내로라하는 극단의 주연급 배우들이 오디션에 몰려왔다. 그리고 오랫동안 봐왔던 리오의 애제자들과의 작업이 시작되었다. 나를 매개로 생전의 기시다 리오와 인연을 맺었던 작곡가 김기영과 무대미술 박동우가 합류했다. 그녀를 모르고 작업에 초대된 아티스트는 최종범 영상디자이너

한 사람뿐이었다.

준비된 극장에 갔다. 코엔지 시민극장이라고 했다. 세상에나! 공간을 둘러보는 동안 나는 흥분했다. 일찍이 이렇게 크고 아름다운 박스형 극장을 본 적이 없었다. 족히 300평은 될 만한 넓은 공간이었고 바닥은 조각조각 기계조립식이어서 심지어 프로시니엄으로도 탈바꿈이 가능한 박스다. 게다가 RED, 극장 벽이 도발적인 붉은 색이었다. 이름은 잊었지만 일본의 대표적인 건축가 중 한 사람의 작품이라고 했다.

극장과의 첫 대면에서 나는 공간지도를 완성했다. 객석은 양옆으로, 자연스럽게 무대는 T자형으로, 로비로 통하는, 마치 장치반입구같이 넓은 슬라이딩 도어는 극 중 엔딩 하이라이트로 열어젖히겠다고 했다. 모두 놀란다. 이 순식간의 플랜과 기상천외한 공간 활용 아이디어에 극장의 예술감독이 환하게 웃는다. 그는 유명한 일본의 〈블랙텐트〉 극단 대표 연출자이기도 했다.

내가 공연을 준비할 때 맨 처음 하는 일은 여기저기 발품을 팔아 공간을 찾는 일이다. 그리고 공간의 소리를 듣는다. 숱하게 많은 공간을 찾아가서 혼자 앉아 있는 것이다. 최대한 잡다한 머릿속을 비우고 편안히… 숨을 고르고 시선이 안정되면 서서히 공간이 속삭인다. 공간이 던져주는 이야기는 저마다 색감과 질감과 부피감이 다르다. 운이 좋으면 공간은 연극 한 편을 그냥 선물하기도 한다.

빈 공간이 스스로 자기를 소개하고 자신의 이야기를 들려줄 때 그 대화의 기회를 놓치지 않는 지혜를 발휘하는 그대는 무대 연출가로서 자격이 있다.

사면이 막힌 공간이 망망대해처럼 넓어지거나 깊어지는 자유로움을 획득할 순간을 나는 절대 포기하지 않는다.

유명한 극장이고 멋진 건축물일지라도 나에게 침묵하는 공간이 있다.

아니, 머리와 가슴을 콘크리트화 시키기도 한다.

나는 사랑한다. 공간의 시를.

나는 이것을 극장주의 연극이라고 개념한다.

내 멋대로의 개념이다.

김아라 휴식중

✦

햄릿
1999

별이 불길인 것을 의심하라.

태양이 움직이는 것을 의심하라.

진실이 가식이라 의심하라.

그러나 나의 사랑은 의심하지 마라.

사랑하는 오필리어,

나의 시는 서툴다.

시로써 내 마음을 담아낼 길 없다.

그러나 그대에게 보내는 사랑, 의심하지 마라.

이 목숨이 다하는 날까지 사랑하는 이여.

검은 상복의 햄릿

햄릿으로의 여행이 시작되었다. 고전 중 고전으로 비극의 진수로 알려진 〈햄릿〉. 이미 수많은 심리학자와 사회학자들로부터 진단받으며 국적과 시대를 초월해 사랑받는 이 작품의 보편성은 무엇인가. 이 작품에 등장하는 모든 인물이 모두 콤플렉스형 인간이기 때문일 것이다. 누구 하나 온전한 인간이 없는데 그들의 언어는 각자 철학적이고 논리적이며 시적이다. 인간 보편의 탐욕과 사랑, 질투와 시기, 배신, 자조와 인식이 언어의 시적 운율과 아름다움으로 무장된 채 탄탄한 극적 구조 아래 잘 엮여 있다. 배우 유인촌이 햄릿 역을 맡았다. 그의 소극장 유씨어터 개관 공연이었다. 권성덕, 최민식, 이혜영 등 당대의 배우들이 작업에 합류했다.

검은 상복의 햄릿, 그는 시를 즐겨 암송하고 서툰 러브레터를 쓰

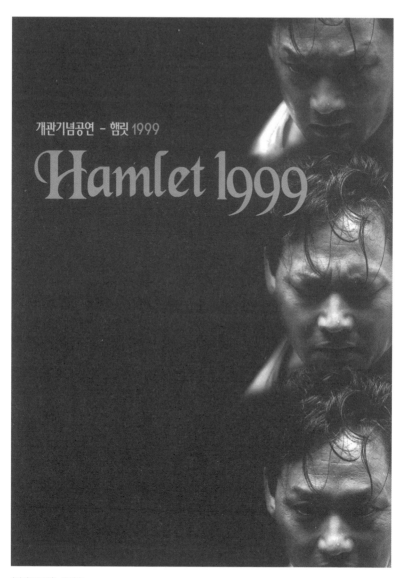

〈햄릿 1999〉, 유인촌

는가 하면 불안한 상황에서 독백을 통한 자기 성찰의 시간을 갖는 나르시시스적인 몽상가였다. 그런 그가 아버지의 죽음으로부터 ─ 유령의 출현 ─ 현실의 과제를 떠맡게 됨으로써 복수라는 피할 수 없는 숙명에 당면하게 된다.

　　복수에 대한 강박관념이 선천적으로 버거운 이 사내의 연약한 영혼에 죽음은 엄청난 유혹이 아닐까. 그는 우울증에 빠지지만 결국 죽음의 유희에 몸을 던짐으로써 이 과제를 회피하는 염세적 냉소주의를 선택한다. 우리의 햄릿은 폭력적 무리 속에 자해라는 또 하나의 폭력으로 합류한다. 나의 햄릿은 불신과 냉소 속에서 자폭하는 절망적인 인간이다.

　　이 연극에서 햄릿은 광기를 연기하는 것이 아니라 실제로 미쳐간다. "바람이 북북서풍일 때만 미쳐요!"라고 외치는 우리의 햄릿에게는 서늘하게 스며드는 무의식의 시간이 잦다. 우리는 한 인간이 미쳐가며 벌이는 죽음의 유희를 두 시간에 걸쳐 보게 되는 것이다. 이 연극은 미쳐가는 햄릿의 내면의 눈을 통해 들여다본 세계에 대한 병리학적 보고이며 권력을 향한 광기와 폭력의 악순환 속에 놓인 인간사 부조리에 관한 고발이다.

　　우리의 햄릿은 행동보다는 관조하는 시인의 눈빛을 닮았다. 그는 자신이 행동함으로써 이 세상을 변화시킬 수 있다고 생각하지 않는다. 폭동과 살인, 배신과 음모로 점철된 정치권력의 무대에서 그는 어쩔 수 없는 회색분자의 모습을 한다. 그는 광기로 침몰하며 광기로 가득 찬 세계에 대한 광란적 대응을 선택했다. 그리하여 '인간은 정치적이다'라는 큰

명제 아래 연극은 왕궁으로 상징되는 정치적 미스터리에 휘말린 한 인간의 비극적 행적을 좇으며 암암리에 20세기 우리 정치사를 비난한다.

어둠 속에서 한 남자가 관객에게 등을 보인다. 침묵으로 한 줄기 새벽빛을 받으며 의자에 앉아 벽을 쳐다보고 있는 그의 굽은 등이 왠지 처량해 보인다. 그가 회전의자를 서서히 돌려 나를 향해 앉는다. 며칠째 잠을 자지 못한 그의 얼굴은 꺼칠하다. 아직 알코올 기운이 남아 있는 그의 핏발 선 눈에서 굵은 눈물이 흘러내린다. 오랫동안 참은 까닭이다. 그의 눈물은 거침없이 흐르는 것을 멈추지 않는다. 그의 등 뒤에서 자신과 자신의 아버지를 배신하고 새로운 권력에 몸과 왕관을 바친 어머니의 자태가 보인다. 그녀는 아들을 향해 나직하게 그리고 꿈인 듯 속삭인다.

"고개를 들어라, 햄릿. 고개를 들어 부드러운 눈길로 세상을 바라보렴."

그의 슬픔이 증폭된다. 그는 거칠게 의자의 팔걸이를 내리친다. 그가 할 수 있는 최대의 저항이다. 내성적이고 연약한 그가 이 삐뚤어진 세상을 향해 할 수 있는 유일한 저항의 표현이란 그저 눈물 바람으로 뭔가를 내리치는 일밖에 없다. 그는 서글픈 자신의 운명 서곡을 침묵과 순응 그리고 눈물과 안타까움으로 장식한다.

숙부는 자신의 형수인 어머니와 사랑에 빠졌다. 그는 능력이 있으며 아름답다. 그는 갈등을 겪었으나 어둠이 오면 참을 수 없는 욕정에 이 여자를 찾아간다. 욕정의 노예가 되어버린 그는 친형을 암살하기에 이른다. 명분과 실리를 동시에 획득한 것이다.

선왕의 유령은 묻는다. "내가 네 아버지임을 증명하기 위해 넌 무엇을 할 테냐?"

햄릿은 망설인다. 존재에 대한 깊은 고뇌에 빠진다. 그의 손에는 단검이 들려 있다. 단칼에 숙부를 살해해 버릴 기회도 찾아온다. 그러나 그는 숙부를 죽이지 못한다. 복수 명령은 그를 광란으로 몰아가지만 그는 자신 외에는 아무것도 파괴하지 못하는 위인이다. 아버지의 아들임을 증명하기 위해서 그가 선택하는 일은 자멸이다.

햄릿은 '영원한 그대의 햄릿'이라 쓰고 연필을 놓는다.

별이 불길인 것을 의심하라. 태양이 움직이는 것을 의심하라. 진실이 가식이라 의심하라. 그러나 나의 사랑은 의심하지 마라. 사랑하는 오필리어, 나의 시는 서툴다. 시로써 내 마음을 담아낼 길 없다. 그러나 그대에게 보내는 사랑, 의심하지 마라.

이 목숨이 다하는 날까지 사랑하는 이여.

영원한 그대의 햄릿.

햄릿이 오필리어에게 쓴 러브레터다. 이 부분을 읽을 때 난 시인 햄릿의 눈망울에 맺힌 눈물을 보았다. 그렇게 내게서 시인 햄릿은 탄생되었다.

햄릿 프로젝트

음악이다.

셰익스피어는 햄릿의 입을 통해서 말한다.
몸은 피리와 같으니 너는 어떻게 연주를 할 것인가?

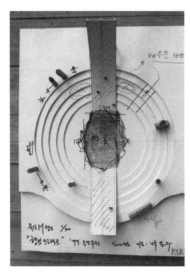

햄릿 프로젝트 미니어처
박동우

혼재된 인간 욕망의 불협화음

이제 시인 햄릿은 사라졌다. 우리의 몽환적이고 나약한 시인 햄릿도 사라졌다. 광란의 실체 속으로 들어간다. 그의 무의식 세계로. 햄릿의 무의식 속에는 폭력으로 가득 찬 세상에 대항하는 햄릿만의 방식이 있다. 비겁하고 소심하고 치사하고 우유부단한 햄릿. 콤플렉스로 가득 찬 그 바보 겁쟁이의 무의식 세계로 들어가 두서없이 그의 광기가 만나는 인간들과 언어들을 콜라주 기법으로 그린 퍼포먼스가 〈햄릿 프로젝트〉다.

햄릿의 심리에 현미경을 대고 본 병리학적 세계를 핵심으로 이 연극은 재구성되었다. 심연의 가장 깊은 곳. 그 미궁의 세계에 관한 음악적 판타지다.

죽산의 야외무대를 위한 박동우의 도면을 보는 순간 화들짝 놀랐다. 무대 후면에 엄청난 길이의 철근 프레임을 그려 넣은 박동우는 도대체 무슨 생각을 했을까? 건축 수준의 철근 프레임을 만들다니… 그 철근 프레임에는 모기장 같은 그물이 쳐져 있어 영상판으로 둔갑할 것이다. 그림은 멋지고 그 활용도도 충분히 이해된다. 하지만 주말 2회, 2주간 주말 공연을 하기 위해 거대한 철근 공사라니 박동우도 미쳤고 나도 미쳤지. 그래도 했다. 그것이 나와 박동우를 잇는 방식이다. 무모하지만 단 한 번의 새로움과 아름다움을 포기하지 않는 것.

용이 몸을 틀어 승천하는 형국의 관능적인 그 땅 한가운데 어머니의 자궁을 상징하는 연못이 있다. 수영장을 팠다. 햄릿을 고립시키기 위하여. 그리고 햄릿은 혈관, 즉 장기와 장기를 잇는 통로에서 사방의 공격을 받는다. 그는 시작과 끝이 불확실한 미로에 갇혀 있다. 그곳은 고문의 현장이나 밀실 같은 어둠을 드러내기도 하고 그것을 위장하기도 한다. 나의 평생지기인 무대 미술가 박동우는 한강 프로젝트 이후 다시 저돌적이며 획기적인 야성을 회복했다. 나는 그의 안일을 용납하지 않는 연출가였고 매번 그에게 불을 질렀으며 그는 매우 신나 했다. 우리는 사고 치는 평생 파트너였고 서로를 세계적인 예술가라 응원하며 낄낄 웃었다.

이 연극에서는 햄릿을 제외한 모두가 코러스로 등장한다. 그들은 자기의 배역 외에도 시종일관 무대에 위치한 채 국가의 비상사태를 수호하려는 듯 무장을 해제하지 않는다. 그들의 존재는 항상 위기가 올 줄 모르는 정치적 불안 상태를 의미하기도 하며, 왕의 편에 서기도 그 반대

세력의 폭도가 되기도, 포틴브라스로 대변하는 새로운 정권의 편에 서기도 하면서 정치적 중립 상태를 벗어나 시의적절하게 움직이는 공권력을 시사한다. 그들은 극중 분위기의 많은 부분을 음악적으로 관여하면서 그들의 숨소리에 지휘받고 반응하는 햄릿과 극중 인물을 통해 그들의 위력을 과시하기도 한다.

황신혜 밴드의 김형태가 햄릿으로 분했다. 전시장을 방불케 하는 시각성과 음악회를 방불케 하는 테크노 음악을 동원한 야외극장 연출과 함께 심미적 앙상블이 백미인 퍼포먼스였다. 결혼식으로 시작하여 장례식으로 끝나는 삶과 죽음의 회로, 그 속에 혼재된 욕망들이 이루는 불협화음의 세계였다. 두 시간에 걸친 인간 본성의 불협화음은 8월의 달밤에 모래를 상징하는 물 무대 위에서 공연되었다. 〈햄릿 프로젝트〉는 매혹적 광란의 세계를 품어내는 소리와 이미지로 관객에게 엄청난 찬사를 불러일으킨 공연으로 아르코예술극장에서 앵콜 무대를 갖기도 했다.

어디서 저런 인간이 나타났을까? 나의 미치광이 햄릿은 재능 덩어리 화가이자 테크노 밴드의 리더인 김형태가 열연했다. 그는 요상한 의상에 전혀 어울리지 않는 모자를 쓰고 말도 안 되는 노래를 그나마 곱게 부르지도 못하는 위인이었다. 나는 그의 허튼수작에서 자유로운 이미지의 충돌을 탐색하는 그의 미적 감각과 이 세상의 고정관념을 박살내기 위해 전투 준비를 완료한 영웅의 모습을 보았다.

누군가에게 행운을 주는 사람, 그 사람이 나이기를 바랐다. 앞서

〈햄릿 프로젝트〉, 남명렬, 김형태, 김현옥

걸어 길을 열고 그 길로 안내하는 사람, 그 기쁨을 누구보다 많이 누렸다. 홀로 어둠인 채 빛을 발하는 사람, 그의 소외와 그의 빛을 동시에 보는 한 사람이 나이기를 바랐다.

　　나에게도 길을 열어준 어른이 계셨다. 권오일 선생님이시다. 선생님은 내게 데뷔의 길을 열어주고 두 번째 작품까지 연출 기회를 주셨다. 작품이 공개되자마자 세간의 반응은 센세이셔널했다. 평론가 이상일 선생은 일간지에 "혜성처럼 나타난 연극계의 신데렐라"라고 표현하였다.

김아라의 탄생은 한 마디로 관객과 평단, 연극계 가족들이 터트리는 축포로 화려했다. 말해 무엇하랴, 그 후 40여 년 나는 줄곧 연출가로서 무한한 영광을 누렸다.

나는 나의 후광을 무기 삼아 연극, 문학, 무용, 음악, 영상, 무대미술, 조명 등의 분야에서 지금은 대가의 반열에 든 많은 이들을 세상에 소개했다. 이렇게 난 내게 빛을 준 어른에게 또 하나의 빛이 되어 보답했다.

음악이다. 셰익스피어는 햄릿의 입을 통해서 말한다. 몸은 피리와 같으니 너는 어떻게 연주를 할 것인가? 내게 사람의 입에서 흘러나오는 말은 모두 음악이다. 사람의 몸짓이 그의 내면에 흐르는 정서와 심리적 충동에 의한 움직임이라면 당연 사람의 말은 음악이다. 의미와 내적 진실을 토대로 한 소리의 조율을 생각하니 모든 등장인물들은 말로 음악을 연주하게 되었다. 말은 소리화 되고 소리는 몸통이라는 피리를 통해 연주자에 의한 본능적 표현의 도구가 되었다. 관객을 의미와 스토리 구조에서 이탈시켜 감성의 채널을 활짝 열어젖히지 않으면 소통불가인 시청각적 환타지로 이동시켰다. 사실주의적 이야기 구조나 액자식 무대를 선호하는 사람에겐 매우 어려운 무대가 되었다. 그러나 나의 무대는 단순했고 메시지는 선명했다. 다만 감성이 열려 있고 자유로우며 내적인 사람에게는 그랬다. 그래서 김아라의 연극에는 김아라의 관객이 있다.

햄릿
2002

쉼표는 철학이다.

어디서 쉬어 갈지 아는 것, 그대만의 쉼표…

그것은 그대의 뇌에서 심장으로 이어지는 실핏줄 하나만큼

미세하지만 소중하다.

그대가 어디서 쉬어 가는지에 따라서

그대만의 인생이, 철학이 보인다.

〈햄릿 2002〉, 박상종

구르는 바퀴처럼

모두가 바퀴 달린 의자에 앉아 사정없이 무대 위를 굴러다녔다. 인간의 본성 속에 아수라로 얽혀 있는 그 더럽고 추잡한 세계를 그냥 달리게 했다. 나는 왜 이렇듯이 이그러지고 생채기 난 인간의 내면에 집착하는 것일까. 때로 너무 오랫동안 비극에만 집착해 왔다는 생각에 내심 떠나고도 싶다. 그러나 세상사를 관조의 미소로 바라볼 지혜는 아직 내 앞에 열려 있지 않은 듯하다. 광기로 가득 찬 세상에 광란적으로 대응하는 햄릿의 내면을 빌려 실컷 독설을 퍼붓고 나서도 나는 내심 나 자신이 한심스럽다.

일명 콜라주 연극이라고 명명했다. 조각보처럼 형태와 색깔이 다른 조각들. 이야기 줄기라는 질서를 버리고 무의식의 파편화된 조각들만 나열해도 연극이 가능할까? 연극은 메시지가 있어야 한다고 하는데,

연출가의 철학과 사상이 있어야 한다고 하는데, 만약에 연출가가 더러운 세상을 실컷 은유하는 한판 악몽을 무질서하게 펼쳐 놓고 그것이 연극이라고 한다면?

햄릿이기에 가능했다. 누구나 아는 이야기이기 때문에 가능했다. 게다가 찰스 마로위츠가 내게 큰 용기를 주었다. 그렇다, 나는 마로위츠의 그 무작위적 몽상이 나의 텍스트인 것이 황홀했다. 나는 그의 사상에 동조하지 않았다. 셰익스피어를 조롱할 마음도 고전을 터부시할 마음도 없었다. 아니, 나는 셰익스피어에 등장하는 인물들을 숭배한다. 그들의 아름다운 말장난을 사랑한다. 그들은 하나같이 헛점투성이다. 사심이 많다. 그러나 인간적이다. 신이 아닌 인간, 땅 위에 두 발을 딛고 서 있는 오만불손, 욕정덩어리, 모자라는 동물들이다.

어떤 연극적 상상력과 만나면 난 단숨에 연극 한 편을 보았다. 오랫동안 몽상하지만 연출 플랜을 짜는 데는 채 24시간이 걸리지 않았다. 각색도 48시간 이상은 걸리지 않았다.

단, 그 시간 동안은 굶어가며 온전히 몰입해야 한다. 그 나머지 시간들은 공연을 이루기까지의 프로세스일 뿐이다. 공연장을 결정하고 멤버들을 섭외하고 스태프 회의를 하고, 배우와 리허설을 하고 제작 점검을 하고 공연을 하는 아주 긴 시간의 노동이다. 나는 나의 감성을 신봉했다. 매우 오만하게 들릴지 모르지만 자신의 세계에 몰입하고 자신의 상상력을 믿는 일, 천직의 예술가에게 그만한 미덕은 없다고 당당히 말하리.

148

쉼표, 어제는 쉼표에 관한 이야길 했다. 쉼표…, 문장과 문장 사이의 쉬어가는 곳. 문법이 잘 맞는 문장을 받아 쥔 그대들… 그러나 그것이 하나의 몸을, 하나의 영혼을 통과하는 의식을 치르고 그대의 입에서 흘러나올 때 그대들의 쉼표는 어디에 있는가 하고 질문을 던졌다.

쉼표는 철학이다. 어디서 쉬어 갈지 아는 것, 그대만의 쉼표…, 그것은 그대의 뇌에서 심장으로 이어지는 실핏줄 하나만큼 미세하지만 소중하다. 그대가 어디서 쉬어 가는지에 따라서 그대만의 인생이, 철학이 보인다. 그대의 쉼표에 나의 깊은 사색이 만나 함께 소풍을 갔으면 한다.

✦

덫, 햄릿에 관한 명상
2005

누군가 걸어가고 있으면 가다 멈출 것 같은 예감이 든다.
뭔가 계속 반복되면 정지를 예감한다.
뭔가 중첩되면 그중 하나는 아닐 것 같은 예감이 들고
앉아 있으면 일어설 것이라는 예감이 들고
앞만 보고 가면 돌아볼 것이라는 예감이 든다.
시간이 흐를수록 예감의 농도는 짙어져서
한 사람의 영광 안에서 큰 그늘을 보거나
한 사람의 좌절 안에서 광채를 본다.

〈덫,햄릿에 관한 명상〉
하성광, 서주희, 정영두

덫

네 번째 햄릿이다. 또 다른 버전이다. 셰익스피어만큼 많은 상상력을 주는 작가는 드물다. 그의 작품이 시대와 국가를 초월하여 수많은 버전으로 발표되는 이유일 것이다. 내게도 예외는 아니었다. 인물 하나하나가 주인공이 될 충분한 이유를 가지고 있었다. 한 인간의 모순이 혹은 다른 생각이 세상을 보는 또 하나의 비전을 제시하기 때문이다.

무대 전면에는 대극장 무대의 3분의 2를 차지할 만큼 긴 테이블 하나가 놓여 있고 우리의 등장인물들은 일렬로 앉아 있다. 회전무대가 돌아가면 무대 후면에 있던 테이블은 파티 테이블이 되고 그 앞은 댄스 플로어가 된다.

이번에도 라이브 피아노가 등장해서 왈츠를 연주한다.

클로디어스는 왈츠 스텝을 밟는다. 마치 지휘자가 오케스트라를 지휘하듯이 그는 이 연극의 등장인물과 음악과 이야기를 지휘한다. 모든 사람들은 그의 발밑에 인형처럼 조종당한다. 이것이 이 연극의 핵심이다. 클로디어스가 전면에 등장한다. 햄릿마저도 얼뜨기다. 그는 바보 멍청이 햄릿처럼 폼은 다 잡으면서도 자신의 비극의 실체마저 부정한다. 그가 집착하는 것은 오로지 엄마, 마마보이의 전형이다. 클로디어스는 현대무용가 정영두가, 햄릿은 하성광이 열연했다.

연출의 의도가 배우의 고정관념과 부딪히는 과정이 꽤 길었다. 그래도 참 재미있고 멋진 연극이 탄생했다. 비주얼 아티스트들의 활약이 이 연극의 큰 장점으로 초현실주의적인 무대에 당황한 관객들을 친절하게 안내하였다.

아르코 예술극장에서 와이어레스 마이크를 쓰다니 배우 몇은 모멸감마저 느꼈고 프로패셔널들은 의아해했다. 그러나 그것은 배우들의 미흡한 발성 때문이 아니었다. 나는 등장인물들의 목소리와 음악이 스피커를 통해 흘러나오기를 원했다. 모든 소리를 스피커로 들으면 관객의 시각 인지력을 대폭 확장시킬 것이다. 나는 관객이 의자에 등을 기대고 편안히 스피커에서 들려오는 목소리와 피아노 음악을 듣고 왈츠 스텝을 밟는 배우들과 시청각 스태프들이 만드는 조화롭지만 인위적인 가짜 그림과 소리의 세계에 풍덩 빠지기를 원했다. 이야기 구조에서 벗어나지 못한 관객들에게 적잖이 황당함을 선사한 무대였으나 타 장르의 아티스트들에게 상당히 영향을 미친 공연이었다.

예감, 누군가 걸어가고 있으면 가다 멈출 것 같은 예감이 든다. 뭔가 계속 반복되면 정지를 예감한다. 뭔가 중첩되면 그중 하나는 아닐 것 같은 예감이 들고, 앉아 있으면 일어설 것이라는 예감이 들고, 앞만 보고 가면 돌아볼 것이라는 예감이 든다. 시간이 흐를수록 예감의 농도는 짙어져서 한 사람의 영광 안에서 큰 그늘을 보거나 한 사람의 좌절 안에서 광채를 본다. 하염없는 추락 속에서도 비상을 느끼는가 하면 느닷없는 생각이 내일의 미래를 펼치기도 한다. 나는 절대 신비주의자가 아니다. 누군가처럼 귀신을 본다거나 전생을 점칠 수도 없다. 그러나 이 엄청난 예감의 세계는 무엇일까?

✦

맥베스 21
2000

블루를 연기하라.

배우들에게 푸른색을 연기하라고 하면 어떻게 할까?

세상에 존재하는 푸른색의 종류는 다양하다.

파란, 시퍼런, 파르스름한, 파릇파릇한, 어슴푸레한, 퍼런, 푸른,

푸르딩딩한, 파리한… 등.

수많은 블루 사이를 오가는 그대의 인생이 아니라면

어찌 시시때때로 변화하는 푸름의 사연을 듣겠는가.

스스로 시인이 되어 우주의 온갖 푸름을 가슴으로 섭렵하지 않고서야

그대의 연기는 씁쓸하다.

듀엣

두 명의 맥베스가 등장한다.

피아노를 연주하며 대사를 읊조리는 맥베스와 에피소드를 재현하는 현실의 맥베스다. 심약한 인간 맥베스의 모놀로그와 껍데기뿐인 말을 힘주어 반복하는 인간 맥베스의 이중창이다.

또한 말없이 춤추는 맥베스 부인과 은밀한 암살을 꾸미며 살해의 칼을 품은 맥베스 부인의 이중창이다.

혼잣말처럼 끊임없이 의문하고 갈등하고 질문하는 영혼과 그것에 휘둘리지 않고 결국 죄를 짓고 마는 대비가 만연한 무대, 그러나 흑백과 명암은 구분되지 않는다. 이것이 키워드다.

흑백과 명암, 두 상반된 빛의 채도 안에 인간은 놓여 있고 개인은 그 빛의 어떤 단계를 선택해서 머무른다. 중요한 것은 내 인생이 비극이거나 희극일 수 있는 것도 단지 그의 선택이라는 것이다. 비극적 희극이나 희극적 비극일 수도 있겠지. 그 또한 마찬가지다. 빛 안에서 어둠을 예감하거나 어둠 속에서 빛을 추적하는 긴 여행이 삶이라면 당신의 선택지는 어디인가?

극단 무천의 모든 작업은 워크숍을 거친다. 본격 리허설 전의 워크숍이다. 작업마다 요구하는 특별한 기능이 있다. 과목을 그것에 맞추어 개설하고 스태프와 배우들이 참여하는 연출 워크숍과 병행한다. 연기 메소드 훈련과 신체 훈련, 작품의 분석 과정은 기본이다. 모두 한 작품의 창작에 초점을 두고 진행하는 워크숍을 거친 이들이 첫 리허설에 접어들었을 때를 상상해 보라! 연습장은 이미 세트와 의상과 소품뿐 아니라 움직임, 소리, 음악 등의 플랜을 모두 섭렵한 작업자들이 모인다.

〈맥베스 21〉, 최경원

1992년 극단 창단도 워크숍부터 시작했음을 상기하면 된다.

이것이 무천캠프의 작업 과정이었다.

죽산에서의 첫 워크숍이 한겨울에 시작되었다. 첫 미션은 이른 아침 호수 한 바퀴를 뛰는 것이다. 5킬로미터다. 진지하고 뜨겁게, 그것만이 우리가 선택한 예술가로서의 기본 태도였다. 극단 무천을 통과한 귀한 인재들을 일일이 나열하지는 않으리라. 그러나 그들은 이 혹독함과 철두철미함을 겪었다. 당연히 자격이 넘치는 그들은 현재 한국 연극의 굵은 혈관이 되어 뻗어 있다.

1996년 극단의 연구단원 제도를 폐지하고 아카데미를 만들었다. 아카데미 수강생들의 접수가 쇄도하여 어쩔 수 없이 전형제도도 만들

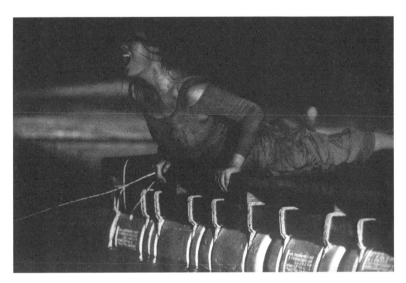

〈맥베스 21〉, 김현옥

었다. 자기소개서가 쏟아지는데 그중 유독 눈에 띄는 이야기가 있다.

수원의 주유소에서 총무를 하며 암암리에 배우를 꿈꾸고 독학하던 청년이었다. 몇 페이지에 달하는 장문의 글에는 구구절절 살아온 삶이 구성지다. 세련된 문장이라고는 찾아볼 길 없다. 심지어 맞춤법도 많이 틀렸다. 화려한 이력과 학력을 자랑하는 지원자들 중에서 나는 유독 그 청년이 마음 쓰였다. 마치 판소리 한 대목을 감상하듯이 아무런 장식도 없는 글이다. 역시나 만나 보니 그는 참으로 낙천주의자이며 선량했고 진솔했다. 그로부터 3년 후 그는 나의 맥베스 중 하나가 되었다.

세월이 흐르는 동안 많은 친구들이 이름 석 자에 광채를 휘날리며 현장을 달린다. 그런데 그 친구는 무명으로 단양 산속 야외극장에서 감자농사를 지으며 할머니 관객들을 상대로 연극을 하고 있다. 그는 내가 싫어하는 감자를 해마다 보내고 가끔 연락한다. 그의 목소리는 활기에 넘친다. 행복하고 신이 난다.

20년이 훌쩍 지나 그의 동료들이 대중 속에서 시간에 쫓기는 유명 배우들이 되어 매너리즘에 빠져가고 있을 즈음, 그의 소리는 그 옛날처럼 청량하다. 희곡을 쓰고 주연배우를 하며 마을에 작은 도서관도 만들고 여기저기 초청 공연을 다니기도 한단다. 그의 이름은 최경원이다. 그는 빛난다, 온전히 자신이 주인인 삶을 살아가는 그는.

블루를 연기하라. 배우들에게 푸른색을 연기하라고 하면 어떻게 할까? 세상에 존재하는 푸른색의 종류는 다양하다. 파란, 시퍼런, 파르스름한, 파릇파릇한, 어슴푸레한, 퍼런, 푸른, 푸르딩딩한, 파리한… 등.

수많은 블루 사이를 오가는 그대의 인생이 아니라면 어찌 시시때때로 변화하는 푸름의 사연을 듣겠는가. 스스로 시인이 되어 우주의 온갖 푸름을 가슴으로 섭렵하지 않고서야 그대의 연기는 씁쓸하다. 화장을 하고 몸매를 가꾸고 클로즈업 샷을 위해 안간힘을 쓰기 이전에 살라고 한다. 사색하라고 한다. 절망하라고 한다. 그리고 나를 벗어나 사물과 자연과 교감하라고 한다. 평생을 파란 바다, 푸른 하늘, 푸른 스웨터, 희망 같은 푸름 속에 매장된 심장으로 인생을 노래한다는 것은 허세다. 34-24-34의 사이즈를 유지하기에 필요한 식단을 짜듯이 이 세상의 블루를 찾아 나설 일이다.

블루를 연출하라. 교과서에 없다. 선례도 찾아볼 수 없다.
나의 오묘한 블루를 찾아서 느끼고 즐기고 탐색하고 탐미하고 칠한다.
실험이 시작된다.
어제의 블루를 부정하는 일, 나를 깨는 일,
나의 고정관념을 믿음을 지식을 박살내는 일.
실험은 지극히 개인적이고 은밀하고 섬세한 파괴다.
그리고 지운다.
또 다른 블루를 위해서. ✦

✦

유적지 연작 1
2000 ~ 2001

5·18 광주민주화운동 20주년, 봄날
5·18 광주민주화운동 21주년, 5월의 시

임철우, 그는 내게 영감을 주는 작가였다.
그와의 만남에서 나는 이 작업의 성공을 예견했다.
왜냐면 참으로 오랜만에 나의 세포 조직 하나하나를
건드리는 순수를 만났기 때문이었다.
나는 순식간에 그를 내 연극에 등장시키기로 결정을 했고
그의 아픔의 내용들을 이 연극의 씨줄로 엮었다.
열흘간의 일지.
이 평범한 일지가 갖는 의미는 '진실의 무게'일 뿐이다.
그러나 은폐와 왜곡의 벽을 깨려는 실로 엄청난 무게라고 느껴졌다.

봄날이면 찾아오는 이들을 위한 레퀴엠

이 작업은 시대의 거울인 연극(과거를 평가하고 현재를 직시하며 미래를 예언하는 그 고유의 특성으로 동시대인들과 공유하는 무대 위의 진실)을 통해 5·18 광주민주화운동 20주년을 기리는 역사적인 공연이었다.

연출자는 통상의 드라마 구조를 최대한 배제하고 5·18 광주민주화운동의 실록을 소재로 다큐라마 퍼포먼스(다큐멘터리와 드라마를 합성시킨 새로운 연극적 퍼포먼스)를 만들었다.

이 작업은 영극(映劇)이었다. 신체와 소리의 원초적 생명력을 바탕으로 50여 명의 연기자들이 표출하는 에너제틱한 연기 앙상블과 스크린에서 이루어지는 다큐 영상을 차례로 반복하면서 총체적 대서사극의 틀 안에서 새로운 예술적 가치를 모색했다.

저항과 단결, 희생의 이미지로 가득 찬 민중의 저력, 그 상징으로서의 5·18정신을 선사한 〈봄날〉은 단 한 사람의 영웅도 존재하지 않는 민중의 대서사극이었다.

광주민주화운동을 민중의 자발적인 저항 의식의 결과로 보는 까닭이었다. 또한 광주민주화운동은 희생자뿐 아니라 살아남아 필생의 작업을 통해 그 진실을 기억하려는 많은 사람들(그 아픔 속에서 살아가는 모든 이들)의 것이다. 그래서 연출은 죽은 자와 산 자의 연극, 즉 개인이 아닌 다수의 아픔과 염원을 시청각적 무대에 담아내는 데 가장 효과적인 공연 양식을 모색했다.

임철우의 〈봄날〉은 합창과 영상, 문학과 음악과 미술과 안무가 골고루 배합된 총체적 대서사극이었다. 50여 명의 배우들이 벌이는 일인다역의 유희적 연기, 재촬영, 편집, 특수효과를 거쳐 실증자료의 장점과 영상미를 결합한 예술 영상, 20명의 합창단, 스펙터클한 특수효과와 무대 미술, 음향의 하모니가 극대화된 공연이었다.

장민호, 권성덕, 이치우, 정현, 김갑수, 정규수, 최루시아, 박상종, 전진기, 최경원 등 50명의 배우 그리고 박동우의 미술, 김형수의 영상, 김기영의 음악, 이송욱의 음향, 정승재의 음향 디자인은 이 연극을 성공으로 이끄는 데 크게 기여하였다.

광주시로부터 5·18 광주민주화운동 20주년 기념 연극의 연출을 의뢰받았을 때 과연 내가 이 작업의 연출자로서 가장 합당한 사람인가에 대해 생각했다. 20년 동안 역사의 해묵은 일지처럼 묻어둔 이야기, 정작 아는 것이 없음에도 불구하고 5·18이라면 우리 모두가 그저 넌덜머리 내는 이야기, 특히 나처럼 정치나 사회 문제에 별 관심이 없는 사람에게는 더더욱 잊힌 이야기였기에 망설였던 것이 사실이다.

기억을 더듬으며 서재에 먼지만 가득 쌓인 5·18 광주민주화운동 관련 자료들을 찾았다. 1980년 7월, 뉴욕으로 떠나 운명처럼 미국에서 광주의 실상을 적나라하게 접했던 그 시절, 열심히 자료를 챙기고 해마다 5월이면 한인학교 강당에서 열리는 추모 기도회에 나가고 귀국길에는 모든 자료들을 마치 비밀문서 다루듯 숨겨 챙기던 기억이 났다. 그러나 그것들은 20년 동안 내 서재에 갇혀 있었던 것이다. 그것들을 꺼내 바라보며 어쩌면 20년이 지나 지금쯤은 나와 같은 평범한 시선과 객관적인 관점, 방관자의 아픔으로 이 현대사의 비극적 사건을 바라보는 것이 합당하다는 생각에 머물렀다.

작가 임철우 선생은 광주민주화운동을 직접 뼈저리게 겪었고 모든 작품이 오로지 5·18을 소재로 할 정도로 슬픔 속에서 살았던 사람이었다.

총 5권으로 묶인 그의 소설 〈봄날〉, 나는 그에게 각색을 요구했으나 거절당했다. 그가 정중하게 거절할 양으로 죽산에 찾아왔다. 그는 소설 〈봄날〉을 완성하기까지 20년 동안 광주의 원혼들과 함께 살았고 더 이상의 고통을 원치 않았다.

그는 온 김에 마침 죽산 야외극장에서 공연하고 있던 나의 〈햄릿 프로젝트〉 공연을 보게 되었다. 그는 공연을 보고 갑자기 공동 각색을 하겠노라 마음을 바꿨다. 그 공연이 그의 마음을 흔들어 놓은 것이다. 그와의 첫 만남에서 나는 이 작업의 성공을 예견했다. 왜냐면 나는 참으

〈봄날〉

로 오랜만에 나의 세포 조직 하나하나를 건드리는 순수를 만났고 순수한 아픔을 만났고 평생 기도 같았던 삶을 보았으므로.

그와 대화를 나누는 짧은 시간 동안 난 연출 플랜을 완성했다. 난 그를 내레이터로 연극에 등장시키기로 결정했다. 그리고 그의 아픔의 내용들을 연극의 씨줄로 엮었다. 열흘간의 일지, 이 평범한 일지가 갖는 의미는 '진실의 무게'다. 은폐와 왜곡의 벽을 깨는 장치로 기록 영상만한 것이 있겠는가. 순간의 결정을 끝까지 밀어붙였다.

50여 명의 배우들은 일인다역의 연희적 양식 속에서 수많은 내레이션과 독백을 수행하며 관객을 객관적 성찰로 인도했다. 다큐 영상으로 현장에 있었던 사람들의 증언과 장면 재현으로 엮은 열흘간의 일지. 이 모든 것들이 혼합되어 절해고도의 순간 속에 놓인 그날의 광주를 재현한 연극 〈봄날〉은 이렇듯 다양한 무대 언어와 영상의 충돌을 겪으며 막을 올렸다.

장충동 국립 해오름극장은 연일 만석이었고 관객의 충격과 감동 또한 엄청난 것이었다. 공연마다 한없이 울어서 눈이 붉어진 작가 임철우는 로비에서 또 나를 껴안고 울었다. 고독과 회한 속에서 20년을 숨죽인 함성이 이제 그 큰 극장 안에서 쩌렁쩌렁 울려 퍼지고 있었던 것이다. 그는 나를 껴안고 "당신은 천재야"를 수없이 되뇌렸다.

다시 광주에서 본 공연이 시작되었고 관객 하나하나가 모두 임철우인 듯했다. 기립박수와 함께 이어지는 합창은 〈임을 위한 행진곡〉이었다. 나는 작곡가에게 이 노래를 아주 천천히, 곱게, 아름다운 화음으로 만들어줄 것을 의뢰했다.

마지막 장면. 전혀 날이 서지 않은 고운 합창 속에서 도청 사수로 죽어 바닥에 쓰러졌던 청년 하나하나가 일어나 웃으며 합류했다. 무대 바닥에서 쏘는 조명으로 바닥이 빛났다. 자, 평화야, 이제. 이 비극은 평화와 상생을 위한 희생이야, 하며 관객의 처절한 슬픔을 위로하며 막을 내렸다. 역사는 사라지지 않는다. 대대손손, 후손들이 민족의 비극을 두고두고 되새김질할 것이다. 그래서 역사는 미래의 교훈이다.

〈봄날〉의 대성공에 21주년 기념 공연을 다시 맡았다. 〈5월의 시〉였다. 참으로 많은 시인들이 핏빛 5월을 노래했다. 처음으로 시만 가지고 연극을 만들었다. 2001년의 일이다. 장소를 광주 상무지구에 있는 5·18 민주묘지로 정했다.

사실은 5·18 민주묘지 신묘역에서 공연을 하고 싶었다. 광주연극협회에 제안도 했다. "광주에서 3년 살며 기념비적 공연을 만들어 헌정하겠다. 아시아의 민주를 상징하는 장소가 될 것이다. 5·18 민주묘지 신묘역에서 공연을 하게 해달라."라고 부탁했지만 5·18 민주유공자 유가족과 또 어떤 단체가 승낙하지 않는다고 했다. 아쉽다. 지금도.

마지막 장면에서 우리 공연진 30여 명과 광주의 중고등학생 150명이 희생자 위패를 모신 저 공원 꼭대기에서 층계 아래로 천천히 쏟아져 나왔다. 그들이 관객 사이로 뿔뿔이 흩어져 스며들 때 그들이 입은 흰 상의 교복 가슴에 희생자 영정 사진을 비췄다. 초등학교 5학년인 내 딸 가람이가 '이제 다 알아요'란 시를 읊고 있었다. 마지막 장면이었다.

봄밤에 비는 내리고

박주관

모두들 떠나가고

죽어간 자리마다 하늘은 푸르르고

그리운 남쪽 꽃이 피고

나루터에서 여인은 울며 가고

사내들 몇몇이 돌아오고

지워지지 않는 목소리로 적셔드는

봄밤에 ✦

유적지 연작의 시작이었다. 나는 이 시점부터 유적지 연작에 대한 꿈을 꾸기 시작한다. 인간의 삶 속에서 우연히 화석이 되어버린 장소, 그 안의 이야기와 역사와 전설은 퇴적된 우리의 과거이나 또한 미래였다. 죽었으나 살아 있으며 앞으로도 영원할 그 장소들에서 공연을 꿈꾸었다. 당연히 여행의 횟수가 늘고 생각도 깊어졌다.

이미 쌓아놓은 탑을 무너뜨리고 새로운 길로 들어서는 마음은 한편 신나고 한편 두려웠지만 내가 가면 그게 길이려니, 조용히 마음을 다졌다.

그 끝에 섬

한때 공간의 시성(詩性)에 빠졌었다.

공간에 빛이 스며들면 먼지 한 톨마저 속삭인다.

더러는 거칠고 어긋난 의자 한 개,

칠이 벗겨지고 금이 간 벽 모서리도 말을 한다.

시간과 인간의 흔적이 있는 곳이라면 이야기가 있다.

모순덩어리의 나와 본질의 나와 염원을 품은 내가

한꺼번에 쏟아내는 심상의 언어들을 듣는다.

접신의 상태가 그러하듯 은밀한 소통을 이룬 그 시간에

자아의 덩어리가 울컥 신물처럼 올라오는 그 순간에

나는 내 그림자를 닮은 연극 한 편을 생각한다.

억지로 비늘이 벗겨진 산 물고기의 마지막 소요가 그럴 것이다.

절실하고 뭉클한 것들이 가슴속에서

발광을 하지 않고서야 움직일 수 없다.

몸을 일으키고 대본의 첫 페이지에 점 하나 찍는 순간,

바다를 뚫고 폭발한다.

내 몸이 화산 덩어리가 되지 않고서야

섬을 이룰 수 없었던 모양이다. ✦

인간 오셀로
2002

하모니라고 하지. 마음을 모으지 않고서야 하나의 소리를 낼 수는 없지.

손끝으로 떨림을 모으고 숨으로 마음을 모으고

울림으로 손끝을 모으지 않고서는 하나의 소리를 절대로 같이 내지를 수 없지.

내 숨의 크기가 주발의 울림에서 확인되고

그 마음을 깨우친 오늘에서야 진정 하나를 이룬다고 해.

그때 더는 사랑한다는 말이 필요 없겠지.

감각의 영역에서 만나는 사랑이 불순한가?

털끝에 날이 서는 사랑, 날 위에 서서 춤을 춰도 베이지 않는 사랑,

깊은 숨 끝에 슬며시 너의 전체가 내 몸의 울림이 되는 그 순간,

이윽고 일치되는 그 소리, 그것이 사랑 같아, 난.

하모니라고 하지

김형태가 죽산 야외극장 무대를 빨갛게 칠해 놓았다. 음악은 탱고였다. 내가 참 좋아하는 장르다. 탱고를 들으면 내 감정은 슬프고 짜릿하고 애달프지만 힘이 솟는다. 난 이 복합적이고 변화무쌍한 리듬이 좋다. 마치 내 인생의 배경음악 같다. 인간 오셀로가 그럴까? 어리석기 짝이 없는 그는 모든 이들에게 추앙받는 장군이다. 그는 이길 줄밖에 모르는 영웅이고 남자이며 대장부이고 리더다. 이 연극은 그런 그가 죄 없고 순종적인 아내를 죽이는 과정이다.

이 연극의 백미는 이아고라는 존재다. 그가 심리적으로 오셀로를 파탄에 빠뜨리는 과정 하나하나가 음악의 한 소절 개념으로 변화한다. 배우는 탱고 리듬에 맞추어 발걸음을 변화한다. 동작도 변화한다. 그는 인간을 심리학자처럼 조종하기도 하고 상황을 지휘자처럼 리드하기도

하며 절묘하게 재주를 부린다. 점점 **빠르게**, 미쳐가듯이.

죄 없는 데스데모나를 벙어리로 만들었다. 그녀는 변명의 말 대신 아아아~ 하는 아리아로 자신의 지옥 같은 파멸을 노래할 뿐이다. 점점 빠르게 격정적으로….

그 끝은 단칼이다. 칼로 베어버리듯 비명 같은 아리아도 끝난다. 이 연극은 인간의 소유욕이 탐욕의 지옥에서 뒤범벅되는 과정을 보여줄 뿐이지만 나머지는 사족이다. 우리는 오셀로의 절망을 통해서 비천한 상실감, 허무한 탄식을 읽으면 되었다.

하모니라고 하지. 마음을 모으지 않고서야 하나의 소리를 낼 수는 없지. 손끝으로 떨림을 모으고 숨으로 마음을 모으고 울림으로 손끝을 모으지 않고서야 하나의 소리를 절대로 같이 내지를 수 없지. 내 숨의 크기가 주발의 울림에서 확인되고 그 마음을 깨우친 오늘에서야 진정 하나를 이룬다고 해. 그때 더는 사랑한다는 말이 필요 없겠지. 감각의 영역에서 만나는 사랑이 불순한가? 털끝에 날이 서는 사랑, 날 위에 서서 춤을 춰도 베이지 않는 사랑, 깊은 숨 끝에 슬며시 너의 전체가 내 몸의 울림이 되는 그 순간, 이윽고 일치되는 그 소리, 그것이 사랑 같아, 난.

어둠도 빛이 된다. 바람이 없나 보다. 해는 기우는데 공중에 매달린 꿈은 흔들리지도 않은 채 수직이다. 수직으로 땅에 꽂힌다.

지혜로운 사람은 빛만을 보지 않을 것이다. 빛이 만드는 어둠을 볼 것이다.

빛 사이의 어둠을 익힌 사람의 인생은 입체적이다.

굴곡이 깊고 모서리가 강하여 빛의 존재가 선명한 입체적 삶일 것이다.

눈이 밝은 사람은 색만을 보지 않을 것이다.

색칠 아래 쪼개진 금 하나가 가리키는 길도 보았을 것이며

땅의 저편도 보았을 것이므로 그의 시선은 깊고도 넓을 것이다.

꿈은 하늘로만 나는 것이라고 생각하지 않을 것이다, 그들은.

수많은 빛의 조합이 저 땅에, 혹은 바다에 내리꽂힐 때

잠시의 슬픔이 꽃으로 필 거라는 사실을 예감한 그들이 슬플 이유는
없다.

쏟아지는 빛으로 그냥 필 것이다. 땅 위에, 꽃이…✦

무대의 빛은 사람이나 조형물을 비춘다. 그런데 무대 위에서 사람이 불을 밝힌다. 빛을 한곳에 정지시켜 그대로 두고 사람이 그 빛 속으로 들어서면 된다. 지나가던 사람이 빛과 어둠을 조정한다. 여지없이 고정관념 하나가 무너진다. 사람을 쫓던 빛이었다. 그러나 이제 사람이 자신의 심리적 동선을 빛과 함께 조율하는 주체가 되는 것이다. 사람이 어둠 속으로 이동하면 어둠도 빛이 된다. 어두운 곳을 더욱 어둡게 칠하며 사람이라는 꽃이 빛난다. 모서리가 눈부시다.

이 세상은 무대요, 인생은 연극이다. 셰익스피어의 말은 정말 그럴싸하다. 내가 연극이고 무대가 현실 같다. 연극놀이 속에 살다 보니

내가 나비이고 나비가 나이런가 하는 장자의 헛소리가 절로 나온다.

만약 할 말이 있는데 의사소통의 길이 막혀버린 사람에게 편지를 쓴다고 가정하자. 그런데 자신을 철저히 숨기는 것이 숙제다. 그러니까 그 편지는 내가 쓰는 것이지만 나를 드러내서는 안 된다. 철저하게 남의 이름으로 그 사람의 입장으로 쓰는 것이다.

1단계. 우리는 상상력이라는 이름으로 내가 표현하려는 한 사람을 연구한다. 완벽하게 그 사람이 되기 위해 자신과 무관한 그 사람의 인생을 상상한다. 또한 보편타당성을 획득하기 위해 그의 언어와 행동, 습관이나 생년월일, 학력, 경력, 가족관계, 기타 등등 그를 둘러싼 내적·외적 환경을 설정하고, 가능하면 모델이 되는 인물로부터 단서를 제공받는다. 그럴싸하게 남의 인생을 살아보기 위해 나로부터 탈출하여 그 사람으로 전형하기 위한 구체적 실증 자료를 수집하는 1단계 수업을 마치는 것이다.

2단계. 그 사람처럼 먹고 입고 자고 걷고 생각하고 말하고 쓰고 화내고 울고 욕하고 웃는다. 그 과정은 훈련을 통해 나를 벗어버리는 일부터 시작된다. 철저하게 나의 인격이나 나의 습관을 벗어던지는 일이다. 나는 대학을 나왔고 유복한 가정에서 자랐으며, 이 세상이 다 알아주는 실력자요 전문가이며 여성이다. 그런데 내가 표현하려는 인물은 남자요, 술주정꾼이며 난봉꾼이고 가난하고 고아다. 무좀을 앓고 있는데다가 말 많은 아내와 다섯 명의 자식이 딸린 가장이면서 무식하기 짝이 없다. 나와 그의 이질감을 좁히는 일은 오로지 그를 흉내 내는 일로 끝나지 않는다. 자신을 둘러싼 내적·외적 조건으로부터 자유로워져야 하는데 쉽지 않다. 우리가 아무리 자신을 숨기고 산다 할지라도 어김없이 들켜버리는 이유가 있다. 손가락 놀림, 장신구, 머리 매무새, 걸음걸이, 선호하는 색, 기호식품, 말 한 마디 등 언뜻 지나쳐버리기 쉬운 아주 사소한 것들에서 사람이 살아온 역사가 노출된다. 그것들로부터 자유로워진다는 것은 거의 최면 상태가 아니면 불가능하다. 강박관념, 고정관념까지 모두 벗어던지고 빈 그릇이 되는 일은 그렇듯 자신을 발견하고 자신과의 싸움을 거치지 않으면 안 되는 고행의 시간이다. 자신에게 솔직하고 자신을 분석하며 자신과의 싸움을 벌이지 않는 사람은 평생 흉내 내기에서 머문다. 그에게 모든 인물은 피상적이며 상투적이다. 그리고 심지어 모든 인물에서 자신의 가벼움을 드러낸다. 자신에게 어울리는 색깔, 화장법, 머리 모양, 옷 스타일 등을 고집하는 어리석은 배우들 말이다.

3단계. 보다 고차원적이다. 비우고 비워도 비워지지 않는 내 본연의 모습에 그를 덧칠하는 일이다. 언어, 사고, 행동의 삼위일체를 구가하는 동시다발적 학습이 시작된다. 문학에서부터 사물과의 교감, 심상 언어의 체득 그리고 육체와 소리라는 도구를 이용한 표현에 이르기까지, 나로부터 그에게 접근하는 일은 이렇듯 다양한 통로가 있다. 배우는 많지만 숨을 제대로 쉴 줄 아는 배우는 많지 않다. 그의 몸에 밴 철학이 말의 악센트, 의외의 소리, 의외의 몸짓이나 시선, 쉼표와 느낌표, 마침

표를 결정한다. 그리고 그것들은 들이켜고 내쉬는 호흡으로 자연스럽게 편안하게 완성되어진다. 나와 그를 조화시키는 일이다.

마지막 단계. 배우는 수도 없이 가면을 바꿔 쓴다. 수없이 바꿔 쓰는 가면에는 더는 바꿔 쓸 수 없는 자신의 얼굴이 있다. 그래서 우리는 연극놀이라는 장치 아래 자신의 변치 않는 본연의 모습과 가면 사이를 쉴 새 없이 교감한다. 이 세상에 수많은 주인공들이 햄릿을 연기하는데 왜 다 다른가? 가면 속의 나는 변하지 않는 나만의 숨결을 간직한 매력덩어리다. 결국 배우의 싸움은 여기서 판가름이 난다.

그리고⋯ 훌륭한 배우와 그렇지 않은 배우의 차이는 가면 속의 얼굴에 있다. 끔찍한 사실은 그것은 학습으로 되지 않는다는 것이다. 삶의 태도와 철학으로부터 만들어지는 인생의 문제이고 보면 그만의 문장해독력, 문자표는 독창적이다. 문장의 어디쯤에서 숨을 쉴 것인지, 멈춰 갈 것인지, 어디에 힘을 줄 것인지, 그것을 결정하는 것은 당신의 철학이기에 당신은 지식이 아니라 당신의 사색만큼 연기하는 것이다.

가장 중요한 것은 연극놀이에서 잠시 살았던 인생을 오해해서는 안 된다는 것이다. 나는 편지를 썼지만 그 편지는 정작 누구의 것이며 쓴 사람도 받는 사람도 누군지 기억할 필요가 없다. 그래야 연극놀이가 멋지게 끝난다.

막이 내리면 그를 잊어야 한다. 다시 새로운 그를 만나기 위해.

연극놀이는 발신인과 수취인이 함께 만들어가는 그 순간의 것이지 결코 혼자서 하는 놀이도 아니며 영원하지도 않다. 그래서 연극놀이는 우리가 함께했던 그 순간에 이루어지고 끝난다.

도대체 몇 년인가, 셰익스피어 4대 비극과 함께 8년이 훌쩍 지났다. 다시는 만나지 않을 것처럼 시큰둥하게 헤어지고 싶다.

한때는 사람이 좋아서, 사람과 뒤엉켜서 노는 일이 좋아서 너의 땀을 닦아주는 일도 좋아서 너의 등을 두드려주는 일도 좋아서 허허 웃는 일도 좋아서 바닥을 드러내고 부끄러운 일도 좋아서 그랬는데 성스러운 삽 한 자루 지상에 꽂아놓고 지는 저녁 해나 같이 보는 마음이 더 좋아지더란 말이지. 마주 보지는 말고 그냥 같은 곳을 보고 가는 것이 좋더란 말이지. 든든한 네 어깨나 한 번 툭 건드리는 것이 좋더란 말이지. 일렬로 널린 물오징어들이 같은 바다를 보고 있지 않던가?

바닷바람에 솔솔 몸을 말리고 있는 오후에. ✦

✦

유적지 연작 2

붉은 꽃잎 하나가 세상을 치유할 수는 없지만
적어도 세상의 한 부분을 빨갛게 칠한다.
저 꽃잎이 없음을 상상해 보라…
모든 것은 존재의 이유가 있으며 그 나름의 빛을 발한다.
그러나 꽃잎 하나 던졌던 것을 마음의 전부라 오해하지 마라.
그것은 꽃을 이루는 수십 개의 꽃잎들 중 하나였으며
잠시 붉었다가 사라지는 '순간'일 뿐이다.
내 마음도 여러 조각이 한데 모여 하나였다.
때로 그중 한 조각이 빛난다.
그 빛을 잡고 잠시 기뻐하는 이여,
그대의 소망은 마침내 한 조각의 빛을 완성하였다.

그러면 되었다.

한강 프로젝트 〈노래하라 사랑아〉

유람선을 타고

원효대교 아래 흙덩어리 설치미술 위에서

무용수들이 춤추고

가판대에서는 시집을 팔고

박동우가 만든 원효대교 아래 수상 무대에서

그랜드 피아노 연주에 맞추어 영상과 함께

배우, 시인, 무용가, 마임이스트, 음악인 등

20여 명의 아티스트들이 뛰노는

김아라의 주제공연 〈강에게〉가 펼쳐진다.

그리고 이 모든 순간은 임종진의 사진으로 기억될 것이다.

끝나면 푸드 스타일리스트 양은숙이 멋지게 음식을 전시하고

우리는 관객과 먹고 마시고 논다.

한강 프로젝트 포스터

180

강변에서 보낸 한 해

지금의 한국문화예술위원회 문학분과에서 연락이 왔다. 문학인들과의 공연을 함께 만들어보자는 것이었다. 오래전부터 하고자 했던 작업을 제안했다. 한강에서 여름밤에 연애 시만 가지고 축제를 하자는 내용이었다. 참 나답지 않고 통속적이기도 하지만 솔직하자. 한강을 무대로 불특정 다수를 관객으로 놓고 모두의 인생사에 가장 중요한 과제인 사랑을 노래하는 것만큼 보편적인 주제가 있겠는가? 게다가 축제다. 시와 함께 인생의 희로애락을 다 담은 축제, 불꽃놀이!

인류는 물줄기를 따라 번영한다.

한강은 민족의 역사요 생명의 근원이다.

이곳에서 인간의 사랑을 노래하는 것은 당연하다.

해질 무렵, 승선한 유람선이 도착한 곳은 어둠에 잠긴 강이었다.

한낱 유리창에 부딪힌 불빛이 왜 그리도 황홀하였던가. 가슴은 뛰었다.
내가 추는 춤인가, 불꽃의 춤인가, 불씨를 안고 함께 타는 춤이었던가.

하여튼 탔다.

그 불꽃이 내 것인 줄 알고 덩달아 불을 지폈다. 어쩌면 세월의 것
이었던 것들이, 어쩌면 시간이 흘러 한 톨 재로 남은 것들이 속삭였다.

'그래, 그곳에 사랑이 있었다'라고.

강처럼 유유히 흐르는 시간 속에 단 한 순간도 사랑을 포기하지
않았던 고단한 삶이 반짝 빛났다. 그 불씨 하나 건져서 강에 띄웠다.

江에게

먹고 토하기를 거듭하며 마냥 먹어대는 밤이 있다. 토하기 위하여
마냥 먹어대는 밤이 있다.
밤새 허기진 허리통이 뒤틀려서 넋이 나가버린 그 순간에 신음처럼
'썩었는가, 사랑아'를 내뱉는다. 그녀는…
먼지처럼 날아가버릴 것 같은, 말라서 부셔져버릴 것 같은 화석 같
은 슬픔.

그리고 그는
그녀가 없는 것을 알기에 전화를 건다.
그녀의 빈 서재에 전화 벨소리가 울려 퍼져서
그녀의 입술 근처를, 가슴 근처를 부벼대고

마냥 전화를 건다. ✦

- 대본의 시에서 발췌

한강 프로젝트 주제 공연 〈江에게〉는 구구절절한 시인들의 사랑 시로 20여 명의 배우, 무용가, 음악인, 시인들이 1시간 30분을 엮는다. 인생에 봄, 여름, 가을, 겨울이 있듯이 사랑도 환희와 열정과 쓸쓸함과 고통이 있다. 수많은 시인들의 사랑 시를 이 구성 아래 선별해서 대본을 만들었다.

그래도 찬양하라, 생명의 신화를…
훗날 그 어떤 고독이란 놈이 다가와
사막을 기는 곤충으로 그대를 타락시킨다 해도
찬양하라, 이 황홀의 순간.
열정의 폭풍이 그대를 적도의 애벌레쯤으로 추락시킨다 한들
그대는 강하고 모진 인간이다.
사랑하는 그대는… ✦

한강으로 출장을 가고 회의를 가고 연습을 가고, 나들이 같은 작업 과정에 신바람이 나는데 덜컥 문제가 터졌다. 한강에서 공연 허가는 불가능하다는 것이다. 대책이 없던 나에게 벼락같은 일이다. 주최 측이 공공기관이니 서울시, 문화체육부가 동원되었지만 '불가'였다. 어느 날 나와 한국문화예술위원회 문학분과의 말단직원이 수자원공사의 말

단직원을 만나러 갔다. 들어서는데 그 직원이 상기된 얼굴로 웃는다. 내 팬이라는 것이다.

회의를 마치고 나오며 지푸라기 같은 그의 손을 덥석 잡았다.

"해결해 주세요. 선생밖에 없어요."

애절하게 그의 눈을 바라보았다. 대답도 없이 그는 고개를 푹 숙였다. 절박해서 나는 그의 손을 힘주어 꼬옥 잡았다. 그런데… 그가 해냈다. 허가가 났다.

프로그램에서 연출의 글 말미에 나는 그의 이름을 거론하며 그에게 특별히 감사했다. 그는 공연장에 나타나지 않았다. 나는 애써 그를 찾았지만 그는 보이지 않았다. 아마도 수줍게 숨어서 공연을 보며 환호했으리.

원효대교 아래에는 노숙자가 많다. 대낮부터 술에 취해 그들은 술값을 구걸하고 다닌다. 공연 준비를 위해 여의도 비즈니스호텔에 투숙하고 열흘을 원효대교 아래 머무는 동안, 다리 한쪽을 붕대로 칭칭 감고 지팡이를 짚은 노숙자 하나가 애교를 부리고 누나라 부르며 말을 튼다. 나이는 40대 중반쯤으로 보인다. 그는 대낮부터 소주에 흠뻑 젖어 있다. 나는 그가 애처로워서, 아니, 그 누나라는 말이 좋아서 대뜸 그를 옆에 앉힌다. 그리고 스스럼없이 묻는다. 알고 싶은 것도 많지. 질문은 끝이 없고 대답도 끝이 없다. 나는 그를 붙잡고 설득한다. 씨도 먹히지 않을 염불일 게다, 그에게는. 그래도 절박하고 진지하게 설득한다. 그 끝에서 그가 벌떡 일어서더니 다리의 붕대를 풀고 지팡이도 던진다. 그러고는 내 앞에서 멀쩡해진 두 다리로 춤을 춘다.

"누나, 누나, 나 뮤지컬 배우였어. 이거 봐!"

나는 기가 막혀서 하하하 웃는다. 그는 계속 춤을 춘다. 웃음 끝에 가슴에서 뜨거운 것이 뭉클 솟는다. 또 눈물이 난다. 현실의 치열함과 냉정함을 견디지 못한 그는 어쩌면 심약하고 내성적인 예술가였을지도 모른다. 귀한 존재이고 사랑스러운 사람이었을 것이다. 그곳을 떠날 때 그에게 다시 오마 약속했고 다시 갔었다. 그는 없었다.

나는 그처럼 절망에 빠져 오늘도 소주잔을 기울이고 있을 많은 예술가들을 생각한다. 축복보다는 실의가 만연한 삶에서 그래도 끈을 놓을 수 없는 예술가들을. 예술가는 99%의 노력과 1%의 재능이 필요하다. 그러나 그 1%의 재능이 없다면 가는 길이 험하다. 우리는 99%의 재능과 1%의 노력으로 세상을 놀래키는 이들을 천재라 부른다. 99%의 재능과 99%의 노력? 그들은 역사에 이름을 남긴다. 가혹하다. 그러나 천재가 아닌 삶에서도 이쯤 했으면 죽어도 좋겠다 만족하는 삶은 있다. 스스로의 결정이다. 자의적으로 만개한 꽃나무 그늘보다 지는 꽃이 붉은 꽃밭에 앉아서 찬란한 햇빛을 보는 삶을 선택한 이들이다. 죽음이 평등한 것처럼 삶의 가치는 평등하다. 무엇이 더 나은 삶이라고 누가 규정지을 수 있나. 오직 자신이다.

좋은 사람이기를 기대하지 말고
덧셈과 뺄셈으로부터 자유롭게
교과서처럼 말고

독이든 약이든 좋으니 그저 너만의 향기로 가득 차서

너는 너인 채로 그렇게

그냥 영혼이 와르르르 쏟아지는 그 느낌으로부터 그렇게…

사람들이 기대하는 건

항상 자신이 건너지 못하는 강을 대신 건너주든지,

어깨에 메고 건너주든지,

아니면 함께 잠수를 해서 같은 양의 피를 흘리고 서로 다독이든지

그중 하나일 터인데

그런 교감이 신물 나는 것은

언제부턴가 함께 부를 수 없는 노래 하나를 익혔기 때문이었다.

알코올 중독자가 음주 이유를 끊임없이 만들어내야 하는 것처럼

삶의 공식을 짓고 그 안에 몸을 끼워 맞추고

허덕이는 우매함이 내 인생의 다른 이름이긴 하지.

난 그냥이라는 말을 참 좋아한다. 그냥.

그냥 가슴속의 별을 다 토해내도 빛나기만 하는 가슴이 있어서

출렁, 달빛이 그 가슴에 닿으면 까닭 없이 단물이 올라서 그만,

생이 요란해져 버린다고 말할 수 있는 것이 나의 삶이었던 듯한데

그리 본능적인 사람에겐 참 많이 힘든 거짓이란다. 이 세상이… ✦

한강에 한 줌 재가 된 친구의 뼈를 뿌렸다. 그 강물은 흘러서 바다

가 되었을 것이다. 지금의 강은 그때의 강이 아니다. 그것을 모르는 것이 아니다. 시간이라는 놈이 과거의 강을 먼 바다로 데리고 갔음에도 불구하고 그 밤, 수은등 아래 빛나던 그 강은 도무지 기억에서 지워낼 수가 없다. 그날 밤, 털이 숭숭 빠진 비둘기 두 마리가 처량하게 강기슭에 앉아 있었다. 도시는 정염의 불빛에 휩싸여 빛나고 있는데 한강 나루터의 으슥한 초여름 밤은 겨울처럼 을씨년스러웠다. 수은등의 차가운 불빛 아래 두 마리의 비둘기를 바라보면서 나는 이 세상에 흘러 다니는 온갖 불행한 아픔 중에서 가장 큰 아픔, 상실이라는 이름의 허탈감을 익히는 중이었다.

달려라 달려라, 그저 앞만 보고 열심히 달리는 중이었다. 웃음이 헤프고 장난기가 많고 별로 화낼 줄 모르는 여자, 일이라면 추호의 게으름이 없고 완벽하게 집중하며 현장에서는 그 누구와도 타협할 줄 모르고 당차기로 소문난 김아라, 그녀는 그날 밤 강변에서 넋을 잃고 앉아 있었다. 주어진 삶의 궤도를 힘차게 밟으면서 이 완두콩만 한 지구를 손아귀에 움켜쥐고 제멋대로 굴리면서 살아보겠다는 그 의지의 30대 여자는 울고 있었다.

죽음 앞에서 인간은 겸허해진다고 했던가? 아니다. 나는 화를 냈다. 한동안 화가 나서 견딜 수 없었다. 인간은 죽는다는 것을 알면서도 내 친구의 죽음은 이해할 수 없었다. 재능이 넘치고 마음이 바다처럼 깊은 그 친구의 죽음만큼은 인정할 수가 없었다. 나는 드세게 억울함을 호소하는 아이처럼 인간에게 주어진 죽음이라는 운명을 부정했다. 세상의

주제 공연 〈강에게〉 세트 플랜, 박동우

한강 공연 〈강에게〉 전경

많은 슬픔들이 그저 그 모양대로 아름답게 느껴질 때까지 쉬었다. 잠에서 깨어나 햇살 한 줄기 방 안으로 스며들면 그것이 그저 감사해서 눈물이 날 때까지.

이제 강을 바라보면 마음이 더없이 평화로워진다. 그래, 저곳에 내 청춘의 끓는 피를 묻었다. 의혹과 반란을 꿈꾸던 허망한 열기를 묻었다. 그리고 그때부터 나의 연극은 슬프고도 아름다워진다. 생명의 소리와 육체와 숨이 가득한 연극, 크게는 삶과 죽음이라는 궤도 안에서 인간의 운명을 노래하는 비극 속으로의 여행이 시작된다. 본격적인 유적지 연작이다.

캄보디아 앙코르와트 사원
만다라의 노래 2007

언젠가 많은 것을 알려야 할 사람은
많은 것을 자신 속에 숨겨둔다.
언젠가 번개에 불을 켜야 할 사람은 오랫동안
구름으로 살아야 한다.
- 프리드리히 니체

김아라

만다라 : 참(眞)을 이룸

같이 가자. 엄격히 말하면 사라지는 것들을 위한 것이 아니라 그 순간 함께 사는 것들을 위해서다. 맞다. 잊지 말아야 한다. 연극이란 내가 살아 있는 동안 나와 함께 그 순간을 공유하는 예술이라는 것, 나의 생명이 창조하는 뜨겁고 절절한 순간의 예술이며 함께 간다는 것임을. 내가 죽으면 거짓말처럼 사라지는 것 또한 나의 연극이라는 것을.

나에게 다시 한 순간이 주어지기를 염원했다. 1,000년의 앙코르와트 사원에서 캄보디아 스님들과 아이들, 그리고 영상과 춤과 시와 함께 단 하룻밤 절절하게 킬링필드에서 생명을 잃은 영혼들을 천도하자. 희생자만 이백만이라고 했던가? 아찔하다. 난 이 공연이 감동적인 퍼포먼스가 되기를 염원했다. 찢긴 육신의 덫과 상한 마음의 덫을 벗어 영생을 희구하는 구원의 메시지를 전쟁과 살육의 현장에서 던진다는 것.

처음 앙코르와트 사원에 갔을 때를 기억한다. 그 아름다운 석조

건물이 내겐 돌무덤 같았다. 하루 3만 명을 동원해서 36년 동안 지었다는 그 엄청난 석조 건물. 나는 그 아름다움에 취하기보다 그곳에 동원되어 수없이 죽어갔을 사람들을 생각했다. 아름다운 문양과 신화가 새겨진 돌에서 땀이 흐르고 있다. 피가 흐르고 있다. 난 한동안 움직이지 못하고 주저앉기도 한다. 비단 캄보디아뿐인가, 전쟁을 겪고 이념의 살육이 처절했던 우리의 비극은 또 어떤가. 그 애꿎은 죽음의 혼들과 살아 있는 이들이 함께 제사를 올리자. 그러면 사람이 소중하고 사람이 아름답고 사람이 희망이라는 각성의 시간이 올까? 그럴까?

인류의 역사를 돌이켜보면 그렇지 않다. 인간은 끊임없이 음해하고 정복하고 탈취하며 학살한다. 단지 종교가, 이념이, 권력이, 지배욕이, 경제적 이득이 그 이유다. 지구상에서 벌어지는 이 처참한 무기들의 춤은 현재진행형이다. 영원하다. 그러나 인식하는 자는 질문을 멈추지 않아야 한다. 왜?

나는 단지 나의 예술세계에 천착하여 사람들과 어울리는 삶을 살지 못한다. 나는 한쪽으로 기울어질 대로 기울어져서 관계에 어눌하고 소통하기에 게으르다. 그러나 나는 나의 예술이, 인간을 주제이자 소재로 삼기를 바란다. 그것이 내가 내 연극을 통해서 삶을 껴안는 방식이다.

캄보디아 스님들이 와 계신다는 소식을 듣고 도선사를 찾았다. 일주문을 지난 곳에서 고개를 드니 전선에 비둘기가 일렬종대로 사열을 하고 앉아 있었다. 그 모양에 웃으며 '알았어, 니들도 같이 가자' 했다.

서른여덟 해를 근육위축증이라는 지병으로 집 안에 갇힌 친구를 불러내 조연출이라는 막강한 임무를 지웠다. 또 한 명의 조연출까지 불러내 셋이서 함께 도선사에 가기로 한다. 입구에서 절까지 도로 포장공사가 진행 중이었던 터라 절까지 걸어가야 했다. 어디서 끝나는지 알 길이 없는 그 길은 길고 길었다. 걷기 힘든 친구를 번갈아 업어주며 그 길을 간다. 처음부터 고행이다. 가다가 사람을 만나면 도대체 도선사까지는 얼마나 더 가야 하느냐고 물었다. 만나는 사람마다 '다 왔다, 조금만 더 가면 된다'고 한다. 그 조금만이 끝이 없어 가쁜 숨을 몰아쉬다 보니 괜히 길을 가르쳐준 사람만 밉다. 아픈 친구가 많이 미안했는지 혼자 내려가서 기다리고 있을 터이니 다녀오란다. 그럴 순 없지. 함께 시작한 길, 함께 끝을 봐야 한다는 것이 내 생각이다.

캄보디아에서 오신 스님들을 만나 더없이 귀중한 자료를 얻고 나니 내려오는 길은 한달음이다. 돌아와서 발을 씻으며 생각해 본다. 한없이 먼 길임에도 불구하고 조금만 가면 된다는 길손의 추임새 같았던 말, 오늘 이룬 것을 남의 공덕으로 넘겨도 좋을 만큼 일손을 넉넉하게 나눠주던 친구들, 쉬었던 자리마다 그늘이 있어 챙길 수 있었던 감사의 마음이 두둑하니 행복해서 밤잠이 달았다.

모셔가지 않으면 움직이지 않던 내가 20년의 전례를 깨고 경주로 날아갔던 것도, 앞뒤 가늠 없이 복받쳐 오르는 본능적 창작 욕구 하나뿐이었는데…. 경주와 캄보디아 정부의 양해각서가 체결되고 앙코르—경주 세계문화엑스포가 씨엠 립에서 열린다는 기사를 접했던 2006년 봄날이었다. 공연기획안 하나 달랑 들고 기획처장실로 들어서서 브리핑을 시작했다. "스님들 100여 명과 천도제 형식의 공연을 하겠어요. 전쟁, 학살로 이어진 캄보디아의 비극적 현대사를 마감하고 앙코르와트 사원이 평화와 구원의 상징으로 탈바꿈하는 아름답고 역사적인 공연을 제가 할래요. 하게 해주세요." 격정과 바람이 묘하게 엉겨서 얼마나 달뜬 브리핑이었는지, 듣는 분들에게서 매우 긍정적인 반응을 얻었음에도 문제는 예산이었다. 예산이 없단다.

짐 보따리 하나 챙기는 데 총 소요 시간 20분, 인생의 대소사를 결정하는 데 필요했던 시간들이 대략 3초였던 것에 비하면 꽤나 긴 시간이 걸린 셈이었다. 만남의 재능과 이별의 습관으로 평생 짐을 쌌다 풀었다 관록이 붙을 대로 붙질 않았는가, 사주풀이를 하는 역술가의 말이 생각났다. "당신은 뿌리가 든든하고 말년에 갓을 쓰는 팔자야. 그런데 뿌리와 갓 사이 기둥이 없어. 근본이 실하고 성공도 하는데 부모 복이랄 수 있는 기둥이 없단 말이지. 고로 당신이 가는 길은 험난해. 스스로 기둥을 세워야 하니까."

그 기둥의 어디쯤 왔을까? 묻지 마라. 공연을 마친 매 순간 나는 행복하였으므로 이미 성공을 수십 번 거두었다. 좀 더 솔직하자면 이미 성공 따위는 안중에도 없었다. 나는 최선을 다했고 모자라도 흡족했으며 그 나머지 영광은 덤이라고 무시했다. 나의 삶은 이미 축복의 연속이다. 아직 지치지 않았고 험난한 줄도 몰랐다. 고통보다는 기쁨이 컸다. 내가 지치지 않고 갈 수 있었던 저력이었다.

기쁨.

또 짐을 쌌다. 초행길, 물론 혼자 캄보디아로 갔다.

그러니까 나는 앙코르와트 사원의 거대한 벽에 조각된 모든 영웅들의 전설을 지운 채 킬링필드 희생자들의 얼굴을 새기고 싶은 것이다. 그들의 혼을 불러서 그들의 억울함을 달래고 그들의 혼을 천도하는 현대판 제의를 치르고 싶은 것이다. 불교의 왕국 캄보디아에서 스님들과 함께 불교적 제의를 현대화하는 작업을 하고 싶은 것이다.

그것은 대단히 위험한 발상이었다. 마치 한동안 우리가 5·18 광주민주화운동에 대하여 정면으로 그 진위를 거론할 수 없었던 것처럼 이곳 캄보디아에서 킬링필드의 희생자들을 전면에 내세운 공연을 한다는 것은 감히 생각지도 못할 일이었다. 우선 훈센 총리가 폴 포트 정권의 주요 4인방이었기에 도덕적으로 떳떳하다고 볼 수 없었다. 그가 도중에 베트남으로 망명했다 돌아와 폴 포트 정권을 마감하는 역전을 낳기는 했지만 시작을 함께한 그는 엄연히 유죄다. 전범재판도 마감되지 않은 현실에서 크메르 루주의 유령들이 대낮의 거리를 활보하고 있는 캄보디아였다.

회랑의 어두운 구석에 금빛 가사를 걸친 돌부처가 있다. 나이 든 여인이 손에 한 움큼의 향을 쥐고 부처에게 참배하기를 기다린다. 향을 권하는 깡마른 여인은 말이 없다. 마치 부처만큼 깨달아서 입을 다문 듯하다.

침묵은 또 하나의 언어였구나. 할 말이 없어서도 아니고 하고 싶지 않아서도 아니었을 게다. 저 여인은 침묵으로 침묵이라는 말을 하고 있는 셈이다. 검은 얼굴은 자외선이 만든 주름 반, 슬픔이 만든 주름 반으로 깊다. 퀭하니 허기진 눈은 빛나고, 내장까지 깊이 들여다볼 듯한 시선의 호흡은 길다. '당신이나 나나 별 차이 없는 인생을 살아왔을 법한데 마음속에 이야기를 담아두었으니 마음으로 읽어봐'라며. 그녀의 침묵은 내게 돌멩이 하나 던진다.

맞았다. 아프다.

큰스님은 빤히 날 들여다보신다. 불교 왕국의 서열 4위 큰스님이셨다. 스님이 주지로 있는 절은 100여 분의 승려와 100여 명의 불우 청소년들이 기거하는 큰 절이다.

내 공연에는 스님들과 아이들이 출연해야 한다. 또한 앙코르와트는 세계문화유산이라 캄보디아 정부와 유네스코의 허가를 받아야 한다. 그렇지 않으면 프로젝트가 무산된다. 그러니 도와달라고 머리를 조아렸다. 스님은 내 얼굴 한번 쳐다보고 다시 침묵하기를 5분쯤 반복한다. 긴장이 흐르는 시간이다. 드디어 큰스님이 침묵을 깨고 걱정하지 말라, 내가 널 돕겠다 하신다. 이 한마디에 엄청난 산 하나가 와르르 무너진다. 됐다. 시작할 수 있다.

큰 인연은 어렵게 오지 않는다. 필연적인 만남, 예정에 있었던 것. 큰스님과는 많은 이야기가 필요 없다. 당신은 늘 눈으로 말하고 나는 웃음으로 응답한다. 교감이라는 축복을 만끽하며 우리가 오래전 어디에선가 만났었다는 추측을 해본다. 훗날 큰스님도 그러셨다. "널 어디선가 본 적이 있는 것 같다." 나중에 안 이야기지만 스님은 예술가였고 폴 포

196

트 정권을 피해 도망가다 절로 숨어 승려가 되었다고 한다. 출가 전 딸이 하나 있었는데 지금은 생사를 확인할 길이 없단다.

저녁 예불을 늘 아이들과 작은 회랑에서 함께 하시던 스님이 어느 날 법당의 저녁 예불에 참석한다고 했다. 매일 저녁 7시에 집전되는 예불이다. 100여 분 정도 되는 스님들이 법당에 모여들었고 예불은 시작되었다. 그런데 예불 도중 갑자기 모든 스님들이 나를 향해 돌아앉았다. 큰스님도 나를 향해 돌아앉으시더니 '이제 그대를 위한 축복의 예불을 하겠다'며 경을 읊으신다. 법당에 모인 100분이나 되는 스님들 모두가 큰스님을 따라 축원의 게송을 읊으신다. 큰스님의 사환인 분튼의 말로는 절에 기거하는 10년 동안 딱 두 번 있었던 일이란다. 캄보디아 국왕과 태국의 큰스님에게 게송을 읊어 축원해 주신 큰스님이 나를 위해 축복의 예불을 해주신 것이다. 그러니까 형언할 수 없는 큰 대접이다. 이 하찮은 중생이 넙죽 그렇게 큰 축복을 받았다. 밤의 사원 가득히 울려 퍼지던 낭랑한 스님들의 염불 소리에 가슴이 벅차올랐다. 지난날의 응어리진 숱한 이야기들이 잡음처럼 소멸하였다.

사원 회랑의 가로 길이는 165미터였다. 사원의 동문 밖에서 회랑까지의 길이는 250미터였다. 하늘에서 내려다보면 알파벳 T자 모형이다. 이렇게 큰 무대를 본 적이 있는가? 전무후무할 것이다. 공연은 그 입구에서 99분의 스님들이 1미터 간격으로 행렬을 이루며 들어보는 15분의 프롤로그로 시작된다. 예기치 못한 일이 벌어졌다. 국민의 98%가 불

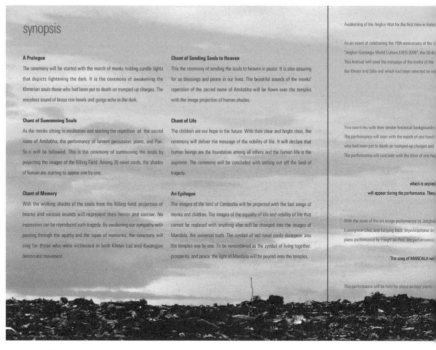

캄보디아 만다라의 노래 포스터. 사진: 임종진

교라고 했던가? 스님들의 행렬이 시작되자 캄보디아 관객들이 일제히 일어나 가까이 다가가며 큰 절을 시작했다. 관객참여형 공연이 시작된 것이다.

공연의 구성은 크게 스님들의 행렬로 시작하여 영혼을 부르는 스님들의 게송과 한국 퍼포머들의 5월 시 낭송, 앙상블 연기와 연주와 춤, 킬링필드와 5·18 희생자들의 사진 영상 퍼포먼스, 스님들의 게송에 천도되는 영혼, 그 영혼들과 미래의 희망을 상징하는 아이들의 합창, 땅에 불로 완성되는 대규모의 만다라 설치 미술과 앙코르와트 전체에 투사

되는 만다라 영상 퍼포먼스로 끝났다. 시간이 지나면서 서서히 무대는 알파벳 T가 허물어지고 관객이 사원을 중심으로 모이는, 그리하여 사원 중심으로 모아진 관객들이 자연스레 스님들의 게송과 아이들의 합창, 땅 위의 만다라 형상의 불길과 사원 외벽 전체에 펼쳐지는 만다라 영상에 휩싸여 평화를 기원하는 염원의 피날레를 장식하도록 하는 연출이었다.

공연 시간 전에 도착한다는 무선 마이크가 절반이나 늦게 도착하였다. 음향이 깨지고 조명기는 턱없이 부족하고 디머도 없어 껐다 켰다만 해야 하는데다 조명기가 상상을 초월하는 구식이었다. 조명을 설치하는 사람들이 전기회사 사람들이니 말 다 한 것 아닌가. 캄보디아 내에는 석 대밖에 없다는 피아노를 찾아 헤매고 엑스포 본부는 우리의 패막 공연 따위는 안중에도 없다. 기자재 지원을 하겠다는 약속도 깨고, 겨우 5천 달러를 지원하면서 그나마 조명기 대여비가 5천 달러라고 지원금을 그대로 회수해 갔다. 그뿐인가, 공연 사흘 전까지 앙코르와트 사원의 허가가 나지 않았다고 버틴다. 참으로 미쳐버릴 것 같았던 시간이었다. 2년 동안의 노력, 숱한 출장, 한 달 동안의 캄보디아 합숙 연습, 막대한 빚, 이 모든 것이 수포로 돌아갈 상황이었다. 큰스님을 붙잡고 통사정하는 수밖에 없었다. 큰스님이 온 사방에 구조 요청을 보내고 결국 큰일을 해결하셨다. 그것은 처음부터 공연 훼방을 놓는 관리들의 수작이었을 것이다.

나는 이 공연을 내 생애 가장 열악한 상황에서 가장 큰 보람을 준 공연이라고 말한다. 최선을 다하여 최고를 만들 수 없는 현실에 통탄했지만 이 공연을 통해 나는 "나를 비롯한 수많은 실패들이여 나를 보아라, 그리고 힘을 내라."라고 당당히 말할 수 있게 되었다. 게으르고 평범하고 안일하게 성공하려는가? 아니다. 나는 앞으로도 영원히 나의 능력과 나의 광적인 열정과 성실함 전부를 쏟아부은 절반의 실패에 도전하련다. 세계 최초로 나는 앙코르와트 사원 내에서 공연했으며 그 공연은 절반의 실패를 자축하며 만족했던 유일한 공연이었다.

캄보디아 전역에 피아노가 석 대 정도밖에 없다는 말을 듣고 난 기가 막혔다. 그날부터 시엠립(Siem Reap) 시내를 샅샅이 뒤졌지만 가는 곳마다 허탕 치기 일쑤였다. 여차하면 태국에서 피아노를 공수해야 할 판이었다. 말없이 자주 없어지던 영상 아티스트 최종범이 웃으며 나타났다. 모 호텔 라운지에 피아노가 있다는 것이다. 당장 달려가서 프랑스인 매니저에게 통사정했다. 결국 우리가 해냈다. 며칠 사정한 끝에 피아노를 이틀 빌릴 수 있었다. 막대한 비용을 요구했지만 어쩔 수 없었다.

비주얼 아티스트 최종범이 남긴 것은 앙코르와트 사원 전체에 투사한 아름다운 만다라 영상만이 아니었다. 기록 영상 따위는 안중에도 없던 긴박한 일정에서 그는 카메라를 박호빈 무용가에게서 빌렸나 보다. 그러고는 내가 움직이는 모든 동선에 소리 없이 잠입했다. 자신을 전혀 드러내지 않고 그는 순간순간을 촬영했다. 그리고 귀국해서 15분 가량의 기록 영상 두 편을 편집해서 내게 주었다. 청하지도 않은 일을 철저히 혼자 해낸 것이다. 세상에나, 이 영상이 없었다면 어찌했을까. 그 영상은 작업 속에서 살아 있는 나와 내 작업을 과감없이 세상에 알린다. 오로지 존경과 배려의 힘으로 나는 그에게서 위대한 선물을 받았다.

사진가 임종진은 2006년 이후 17년 동안 내 작업을 사진으로 기록한다. 어디서 무얼 하든지 부탁하면 그는 카메라를 들고 달려온다. 그는 사진가로서의 길을 마감하고 사진치유자로 전환하여 인권 수호자의 역할을 진지하게 수행하는 사람이다. 그가 프놈펜에 가서 희생자 영정 사진을 담아왔다. 그리고 35도를 오르내리는 무더위 속을 하염없이 뛰어다녔다. 공연을 마친 후 나는 그대로 흙바닥 위에 드러누웠다. 헬기 촬영을 원했지만 경비지원을 해주지 못했던 탓에 나무 위에 높이 올라가 매달려 사진 촬영을 끝낸 그가 다가왔다.

"누나…."

"응….."

우리는 둘 다 맥이 풀려서 그 다음 말을 잇지 못했다.

마음을 먹고 준비 기간을 거치고 공연을 이루기까지 2년이 걸린 프로젝트를 마쳤다. 다섯 번의 출장, 미팅만 수백 건, 온갖 잡무에 공연 연출, 제작, 총감독까지. 숨 가쁘게 달린 2년, 그리고 단 한 번의 공연이었다. 집에 오니 더는 감당할 수 없는 빚더미가 쌓여 있었다. 그리고 얼마 후 죽산을 떠나게 되었다. 아무 미련도 회한도 없었다.

그렇게 나의 40대가 흘러갔고 나는 50대 중반으로 진입했다.

그때 나는 막연히 내 연극 인생은 크게 캄보디아 이전과 이후로 나눌 수 있겠다고 생각했다.

다시 캄보디아 여행

일찍이 1984년의 사건 이후로 나는 겁이라는 것은 도무지 없는 방랑자가 된 셈인데, 1984년 그러니까 나의 20대 끝 무렵의 사건으로 말하자면 대충 이렇다.

파리 여행 중 남은 시간 열흘, 그리고 돈 100달러, 이것을 어떻게 요리해야 가장 멋질 것인가를 연구하며 길을 가는데 '로마 왕복 30달러'라는 여행사 광고 문구가 눈에 번쩍 띄었다. 순간 머릿속 자동 계산기가 미처 계산을 끝내기도 전에 내 손에 로마 왕복 30달러짜리 버스표 한 장이 쥐어졌더란 말이다.

배낭에 속옷 몇 장 챙겨서 25시간 버스를 타고 로마로 갔다. 버스에서 스페인 여자 두 명, 미국 여자 한 명과 의기투합하여 함께 숙소를 구하니 일주일 방값이 또 30달러 나갔다. 일주일분 교통카드와 유료 유적지 관람권을 구하고 나니 대략 빈손이 되었다. 어찌하랴, 숙박비에 포함된 아침 식사는 그대로 삼등분이 되어 점심, 저녁까지 해결하고, 물병에 물 한 통 채우면 외출 준비 완료.

그 가난한 여행길에는 시스티나 성당의 천장화 〈천지창조〉를 보고 나서 삐죽삐죽 울먹이며 걷다가 마침내는 바티칸 성당 기둥에 머리 처박고 하염없이 통곡하던 20대의 내가 있었다. 영혼의 허기를 주체할 길 없었던 20대의 고독에 대하여 나는 얼마나 솔직했던가. 돌아오는 버스 안에서 무심코 내다본 차창 밖 풍경 한 점으로 참 쉽게 가슴이 박살났다. 아, 하는 탄성에 옆에 있던 청년이 몽블랑 산맥이란다. 물기 머금은 검은 암벽이 서슬 퍼런 새벽 달빛에 수천의 조각으로 파열되더니 모서리 날카로운 파편들이 가슴으로 돌진, 냅다 박히는 듯 충격적이다.

그 차갑고도 청명한 별의 기운을 기억한다는 것은 통증에 가까운 아름다움의 극한을 가슴에 품고 살 운명을 받아들인 것. 스물다섯 시간, 버스 안에서의 고독과 허기를 기억한다는 것은 그 어떤 삶도 축복으로 삼겠다는 관용.

다시 캄보디아를 찾은 것은 약속을 지키기 위한 것이었다.

앙코르와트 사원에서의 공연을 마치고 함께 공연에 참여했던 사원의 아이들에게 눈물로 약속했었다. 내가 곧 다시 너희들을 만나러 오겠노라고.

시엠립은 비가 내리고 있다. 11월까지는 우기이니 열대성 스콜의 맛을 잔뜩 느낄 수 있으리라. 그곳의 비는 느낌이 다르다. 습한 기운을 일순 거두어가는 매몰찬 바람을 동반하며 인간이 한없이 무기력해질

만큼 굵고 거세게 몰아붙인다. 그 잠깐의 순간에 변하는 공기의 색과 냄새는 황홀하다. 그러나 뚝 멈춘다. 대낮에 아주 잠시 꾼 꿈처럼.

공항엔 분튼과 반타가 나와 있다. 택시를 탈 것을…. 툭툭이 기사 반타는 빗속을 뚫고 즐겁게 모터사이클을 몰고 왔을 것이다. 변치 않는 우정과 그리움을 한 번의 뜨거운 포옹으로 나눈다. 그리고 모든 이야기는 내일로 미룬 채 지난번 공연에서 우리 공연 팀에 집을 통째로 빌려준 완나사이의 집에 도착하여, 여장을 풀었다.

'왓 보 사원'의 핀셈 스님은 한국 음식을 좋아하신다. 이곳에 머물렀던 작년에 간간히 스님의 도시락을 보시했던 추억을 되살려 아침 일찍 반타와 한국 식당으로 갔다. 그리고 도시락을 싸서 점심상으로 공양을 한다. 스님은 웃음 한 번으로 반가움을 대신하신다. 당신은 늘 그렇게 기쁨이나 반가움에도 큰 동요가 없으시다. 간단한 말 한마디, 그러나 순도 100%의 언어와 표정이다.

'스님 보고 싶었어요.'

'나도 보고 싶었다.'

끝.

절에서 기거하던 청소년 중 맏형뻘이었던 떱(Teap)과 딴(Than)이 출가를 했다. 삭발을 하고 눈썹을 밀었으며 갈색 승복을 입은 그들의 모습이 놀랍다. "떱" 하고 부르며 달려가니 자기의 이름을 기억해 주어 고맙단다. 물론이지, 물론이고 말고…. 아이들과 그림자 인형극단을 지휘하며 춤과 연기를 지도하던 끼쟁이 널 어떻게 잊을 수 있을까…. 이제는 스님이 되어 빗자루를 들고 마당을 쓰는 네 모습에서 예전과 다른 향기가 느껴진다. 마음공부가 깊었던 탓일까? 말수는 적어지고 미소는 많아진 떱의 모습이 멀리서 보니 그림이다.

조병준과 듀엣을 준비했지만 긴장하는 통에 엉망으로 만들었던 귀여운 소년 하이(Hiey)는 부쩍 커버렸다. 여전히 핸섬보이다. 분튼(BunThoenn)은 Salvation Center for Cambodia에서 일하며 회계학을 전공하는 참롱(ChamRong)이라는 신부를 맞았으며, 우리의 반타(Vanta) 기사님은 딸아이를 낳았고 10월 4일 결혼을 한다고 한다. 9개월의 이별 사이에 내 캄보디아 친구들에게 일어난 변화들이다. 그러나 한 녀석, 사원의 고양이 녀석은 법당 주변에서 여전히 스님들의 다마를 자장가 삼아 잠만 자고 있다.

그 후로도 나는 캄보디아에 여덟 번 갔다. 매번 다시 오겠다는 아이들과의 약속도 약속이지만 나는 감동했다. 가난하기 짝이 없으나 또한 행복하기 짝이 없는 그들을 보면서 내가 얼마나 많은 것을 소유하고도 감사와 감동 없이 살아가는 속물인지 가르쳐 주었으므로. 치약도 휴지도 샴푸도 상수도도 전기도 없는 오지 여행을 하면서 자연 그대로의 삶으로 행복에 넘치는 웃음소리가 쉴 새 없이 터져 나오는 그곳이 천국이었다. 나는 기도도 없이 천국에 와 있는 것이다. 행복했다.

어찌어찌 인연이 된 이경용 신부님의 안내로 프놈펜 예수회 센터, 반티 쁘리읍 장애인 학교, 바탐방 성당, 시엠립 성당, 따헨 성당, 시소폰 성당 등에서 묵었다. 그리고 신부님의 숱한 오지 미션을 따라다녔다. 나는 기도가 그 땅에 심는 희망에, 헌신인지도 모르고 묵묵히 미션을 수행하는 수많은 성자들을 보았다. 그 힘을 보았다.

진리를 이루는 천상의 게송으로 나는 〈만다라의 노래〉를 생각했었다. 그러나 기실 모든 종교의 궁극적 목적은 바로 사랑이었다. 여행의 끝에서 인류의, 모두의 꿈인 사랑, 그러나 영원히 이루어지지도 않는 그것에 대한 느낌이 훅하니 가슴에 냉기를 뿌렸다. 가슴을 치고 가는 야릇한 슬픔이다. 살아가는 동안 시린 손발처럼 가슴 한편이 늘 서늘한 이유였을 것이다. 나는 바람을 안고 사는 것일까?

루이제 린저는 그녀의 저서 《생의 한가운데》에서 고통 속의 무풍지대를 이야기했다. 우리의 마음속에는 그 어떤 바람이 불어도 닿지 않는 고통 속의 무풍지대가 있다는 것이다. 나는 이 문장을 삶의 좌우명처럼 되뇌고 살았다. 고통이 몰려오고 깊은 슬픔에 빠지는 순간이면 어김없이 나는 그 무풍지대를 찾아 마음을 다스리곤 하였다.

이제 그 자리에 기도가 들어섰다. 나는 내 식으로 누워서 눈을 감고 기도하다가 잠이 든다. 그 무풍지대에서.

✦

우도 프로젝트. 흙의 정거장
2013

일몰. 제주도 우도 묘지오름
일출. 제주도 비양도

바람과 돌과 여자가 많다더라 제주는.
드문드문 우도의 산봉우리에 해녀의 무덤이 있다더라.
세찬 바람은 숙명이었던가.
그날도 바람이 거셌던 겨울이었다.
나의 흐르는 시간이 나를 데려다준 그곳은
평생 물질로 몸을 담갔던 어머니들의 바다 곁
무덤가였다.
해가 기우는 시간에 긴 정적을
그저 아무 생각 없이 걷는 동안 수없이
아, 어머니, 외마디를 지를 뻔하였다.
냅다 가슴을 휘감고 도는 그 어떤 생명력으로
오감이 충동을 겪으며
나는 돌아와 다시 우도로 향하는 짐을 싸고 있었다.

사람이 걷는 꿈

우도는 자연과 합일된 삶 속에서 평생 농·어업에 종사하며 자식들을 키워낸 어머니들의 섬, 곧 생명의 섬이다. 정거장 연작 중 마지막, 흙의 정거장을 생각하면서 자연을 탐색하고 있던 나는 우연히 우도에 사는 사진가 이성은을 알게 된다. 그렇지 않아도 우도에 가려던 참이었는데 우도에 사는 여자라니, 화들짝 반가워 덥석 그녀의 초대를 받게 되었다.

바람과 돌과 여자가 많다더라 제주는.
드문드문 우도의 산봉우리에 해녀의 무덤이 있다더라.
세찬 바람은 숙명이었던가.
그날도 바람이 거셌던 겨울이었다.
나의 흐르는 시간이 나를 데려다준 그곳은

평생 물질로 몸을 담갔던 어머니들의 바다 곁

무덤가였다.

해가 기우는 시간에 긴 정적을

그저 아무 생각 없이 걷는 동안 수없이

아, 어머니, 외마디를 지를 뻔하였다.

냅다 가슴을 휘감고 도는 그 어떤 생명력으로

오감이 충동을 겪으며

나는 돌아와 다시 우도로 향하는 짐을 싸고 있었다.

그냥 눈물이고 그냥 한숨이고 그냥 슬픔같이

말문이 턱 막히는 이 사랑을 버릴 순 없지.

자동차에 강아지 두 마리 싣고

서울에서 우도까지 달렸다.

그렇게 반년을 우도에서 살면서 우도 프로젝트를 마쳤다.

원초적인 생명력이 섬의 뼈대라면 평생 물질인 어머니들의 삶은 섬의 맨살이다. 창밖의 일출 광경을 보며 하루를 시작하는 나는 하루하루가 해의 기운으로 충만했다. 게다가 시도 때도 없는 태풍이 휘몰아치면 생전에 듣도 보도 못한 바람소리와 폭우로 심한 두려움에 사로잡혔다. 한겨울에 폭풍우로 악명 높은 우도로 올 일인가 후회도 했지만 바람소리, 그것은 중독성이 강했다.

우도에 도착하여 창작 레지던스에 짐을 푼 다음 날부터 나는 끊임없이 섬을 걸어 다녔다. 마을 군데군데 집 마당에 무덤이 있다. 그 무덤은 그 집의 주인장 것이었다. 농부는 죽어도 자신의 땅을 떠나지 않는구나. 평생 땅과 씨름을 하고도 그곳을 떠나지 않는 농부의 혼에 절로 고개가 숙여졌다. 마을의 초등학교, 예배당, 절, 동사무소, 직원들 숙소, 요양원 정도가 공공기관이다. 대체로 횟집 주인, 게스트하우스, 카페 주인인 상인들, 땅콩 및 마늘을 경작하는 농부, 사진가, 건축가, 카페 주인 등이 살고 있다. 그리고 그들의 살아 있는 어머니, 돌아가신 어머니, 아내, 여동생, 누나, 이모, 고모, 할머니가 모두 해녀였다. 흙과 바다, 바람과 돌담과 여자 그리고 상인과 농부만 있었다. 간혹 이 섬에 자리 잡은 도시 사람들 몇도 만났다. 그들은 무슨 이유로 이 제주의 끝, 우도까지 흘러왔을까? 화가도 있었고 귀향한 락밴드 가수도 있었으며 정치인의 조카도 있었다. 우도의 젊음들은 고향을 떠나고 객지에서 온 사람들도 잠시 머물다 이내 떠나는 곳이다, 우도는. 정체를 알 수 없는 남자, 조폭 같은 사람도 있는가 하면 막배가 떠나면 꿈처럼 사라져버리는 여행객들이 있다.

주변 사람들이 소개해 주는 사람들을 다 만나고 한동안 만날 사람이 없었다. 면사무소 주무관을 아우 삼아 가끔 식사를 하고 사진가 둘, 건축가 한 사람, 청년회장이 친구가 되었지만 우도의 시간은 마치 수도를 하듯이 혼자였다.

드디어 섬으로 왔다. 고교시절 도화지에 그렸던 예술의 섬, 그 섬이 완성된다. 다만 밤새 쓰다 아침에 지우는 연애편지처럼 프로젝트가 끝나면 나 또한 섬을 떠날 것이다. 이렇게 우도를 시작으로 다음은 진도 라고 막연히 생각했다. 고등학교 때 계획했던 것처럼 이곳에 각 장르의 예술가들을 불러 모아 마을 곳곳 내가 봐둔 장소에서 각자의 공연을 할 것이다. 나는 30명의 아티스트에게 편지를 썼고 그들은 모두 오겠다고 했다. 내가 제공할 수 있는 것은 오직 숙식뿐이었음에도 불구하고 마치 휴양객의 모습으로 잔뜩 멋을 부린 그들이 섬에 도착했다.

쎌린 바케는 검멀레 해변에서 춤을 추고 김형남은 절 앞 농부의 무덤에서 춤을 출 것이며 김광우는 검멀레 해변에 설치미술을, 임종진 과 이겸, 김태은, 한희원은 창작 스튜디오에서 전시를 할 것이다. 박영 란과 김희숙은 성당과 마늘밭에서 연주를, 최희는 선착장에서 마임 공

〈흙의 정거장〉, 니키치 콘도, 간나, 오성택, 하성광

연을, 김기민은 요양원에서 마임 공연을 할 것이며, 양혜경은 마을회관에서 봉산탈춤 워크숍을 할 것이다. 그리고 이들 모두는 우도봉 묘지오름에서 배우 정동환, 하성광, 콘도, 간나, 시바자키, 정하늬, 배용균, 오성택과 함께 주제 공연 〈흙의 정거장〉을 공연할 것이다. 그리고 다음 날 새벽 네 시 가장 높은 우도봉에서 가장 낮은 비양도 해변에서 일출의 광경을 배경으로 마을 사람들과 걸으며 막을 내릴 것이다.

2013년 7월 이 모든 것은 현실이 되었다. 우리는 그렇게 했다. 모두 떠나고 나와 조연출을 맡았던 내 딸과 강아지 두 마리가 남았다. 우리는 일주일 꿈같은 휴식을 취했다. 그리고 다시 차를 몰아 우도를 떠나 서울로 왔다.

〈흙의 정거장〉 하성광, 오성택

흙의 정거장은 섬의 바람소리에 묻어나는 삶의 기쁨과 슬픔, 죽음과 탄생의 빛을 그린 침묵극이다. 소멸하는 것들과 소생하는 것들의 긴 반복, 그 시간 안을 살아가는 여자와 남자, 일상의 단면을 별 장식 없이 그리는 존재에 관한 시(詩)다.

이 작업은 연극예술과 지역공동체가 정신적 공감대를 다지고 인간 중심의 환경예술로 향하는 나눔과 소통의 새로운 모색이었으며, 모름지기 순수예술이 이 시대의 정신적 가치를 운반하는 소중하고 의미 있는 인문학적 행동이라는 것을 증명해 보일 수 있는 계기가 되었으리라.

연극이라는 작업은 떠나는 일이다. 시시각각 나와 나의 생각들, 그리고 내가 믿어왔던 것들로부터 떠나는 일이다. 나는 끊임없이 보따리를 꾸리듯 내가 머물렀던 그 연극의 흔적에서 소멸되기를 열망한다. 나는 나의 충동을 사랑한다. 앞뒤 가늠 없이 어떤 열망에 사로잡히면 무조건 저지른다. 그리고 간다. 가고 나서 돌아본다. 그때서야 나는 그 충동의 시작과 끝을 본다. 그리고 다시 떠난다.

그렇다. 어떤 사람은 지도를 그린다. 전후좌우를 가늠하는 지도를 그리고 그 위를 조심스럽게 걷는다. 걸으며 짚어보고 수시로 확인한다. 심사숙고하여 짚어 나가는 인생은 참으로 실할 것이다. 그러나 그건 내가 아니다. 내 인생도 내 연극도 아니다.

나는 영감이나 충동, 직관 같은 말을 좋아한다. 인간의 영감으로 몸으로 생명력으로 빚어지는 순간의 예술, 연극이 살아남는 이유다. 인간은 자연의 일부분이고 결국 우리가 가는 곳은 한 줌 흙 속이다. 탄생과 죽음이라는 약속 아래 정해진 선로 위를 살아가는 우리에게 연극은 일탈의 꿈이요, 희망이다.

나는 오늘도 방랑자의 모습으로 그 어디에도 속하지 않고 그 어느 곳에도 머무르지 않으려 한다. 순례자가 진리를 찾아 나선 길처럼, 무한한 불확실성 앞에 나를 열어둔다. 인생의 진한 묘미는 이것에 있다. 운명처럼 길이 열릴 때까지, 충동이 일어나는 그날까지! 내가 흙이 되는 그날까지.

✦

침묵극 연작
2009 ~ 2021

물의 정거장

바람의 정거장

모래의 정거장

흙의 정거장 (유적지 연작)

정거장에서 내리다

오타 쇼고 : 1939년 9월 24일 ~ 2007년 7월 13일

오타 쇼고(太田省吾. 1939년 9월 24일~2007년 7월 13일)는 신체성과 침묵을 강조한 독창적이고 깊이 있는 연극으로 1960년대부터 시작된 일본의 앙그라 연극에서 독보적인 위치를 점유하고 있는 연출가 겸 극작가다. 그의 연극에 등장하는 배우들은 대사보다는 극단적일 정도의 느린 움직임으로, 평범한 사람들의 설명할 수 없는 미묘한 생활의 감성을 표현해 내었다. 관념적인 대사 없이 철학적 깊이를 담보하면서 보통 사람들의 삶을 그려낸 오타 쇼고의 '침묵극'은 이후 1990년대 유행하게 될 '조용한 연극'의 사상적 바탕이 된다. 노 무대를 이용한 〈고마치 후덴 小町風伝〉(1977년, 제22회 기시타 희곡상 수상)과 침묵극 3부작으로 일컬어지는 〈물의 정거장 水の駅〉 〈땅의 정거장 地の駅〉 〈바람의 정거장 風の駅〉 등이 대표작이다. 특히 〈물의 정거장〉은 한국을 포함한 세계 각국에서 공연되어 높은 평가를 받았다.

그를 신주쿠 역에서 만났다. 1991년의 일이다. 대면하자마자 우리는 서로를 향해 길게 환하게 웃었다. 그의 첫인상은 서늘한 바람 같았다. 시선이 깊고 아늑한 장발의 예술가, 그 유명한 오타 쇼고였다. 그는 만남의 목적대로 날 무대기술협회로 안내했다. 자료조사차 간 일본 출장이었고 그에게 가이드를 부탁한 터였다. 협회에 들어서자마자 모든 공무원들이 일어나 그에게 정중하게 인사했다. 이 서늘하고 깊은 시선을 지닌 예술가에겐 권위의 냄새가 전혀 없었던 터라 난 많이 의아해했다. 그때까지만 해도 일본 연극계에는 무지했었으니까.

그날 저녁, 감사의 표시로 내가 식사를 대접하겠다고 하자 그는 대뜸 나를 자신의 집으로 끌고 갔다. 오타 쇼고에게서는 감히 상상할 수 없는 일이라며 동행한 친구가 흥분한다. 그의 아름다운 한국인 아내가 급하게 저녁상을 차린다. 세상에나, 그의 아내가 재일교포 2세였다. 나중에 안 일이지만 귀족의 아들이었던 오타는 이 한국인 여인과 사랑에 빠져 집에서 쫓겨났다고 했다. 물려받을 유산 포기와 가족과의 이별을 감수한 순애보적 사랑이 그들에게 있었다.

집에 들어서자마자 그는 나를 거실 소파에 앉히고 작업 비디오를 틀었다. 그러고는 소년처럼 신나게 작품 설명을 했다. 말수가 적고 질문을 해도 한참을 생각하고 대답하는 조용한 오타 쇼고의 그런 행동을 보고 아내나 친구들은 놀라운 일이라고 했다. 첫 만남에서 우리는 필연을 알았다. 그리고 오랫동안 우린 서로 응원군이 되어 왕래하며 서로의 연극을 봐주고 응원했다.

1992년 내가 아사히 신문사와 신주쿠의 잔잔 소극장에 초청되어

〈숨은 물〉 공연을 끝냈을 때 그는 아내와 호텔까지 동행하여 우리의 도쿄 공연을 축하해 주었다. 말수가 적은 그의 얼굴에서 깊은 신뢰와 사랑이 느껴졌다. 말해 무엇하랴, 그의 아내는 흥분하고 있었다. 그녀는 재일교포 2세로 제주도에 원적을 둔 사람이었으며 공연으로부터 깊은 회한과 슬픔에 푹 잠긴 모습이었다.

그리고 1995년, 그가 쇼난다이 극장의 예술감독으로 취임하자마자 그 극장의 첫 해외 공연으로 〈이디푸스와의 여행〉을 초청했다. 그 후 2007년 7월 그가 췌장암으로 세상을 떠날 때까지 16년 동안 우린 굳이 말이 필요 없는 신뢰로 서로의 예술을 사랑하고 존중하였다.

한국을 방문한 그는 나에게 〈고마치후덴〉이라는 자신의 작품을 소개하고 준비한 자료를 건네주며 언젠가 연출해 줄 것을 부탁했다. 나는 그렇게 하겠다고 약속했다. 그는 내 작업을 보지 못하고 세상을 떠났지만 나는 미처 지키지 못한 약속을 지키기 위해 그의 〈정거장 4부작〉을 시작했다. 2009년의 일이다.

〈고마치후덴〉은 아직 서가에 있다. 작업 준비를 위해 2023년 박정자 선생님과 1차 오픈 낭독회를 거치고 대기 중이다. 첫 만남에서 느꼈던 서늘한 바람이 주변을 떠나지 않고 분다. 그 바람을 기억하듯이 아직 남아 있는 약속 하나를 소중하게 만져본다.

물의 정거장 2009,
다시 물의 정거장 2021

〈물의 정거장 2021〉, 손숙

나는 2009년 물의 정거장을 시작으로 바람·모래·흙의 정거장을 완성하였다. 이 공연은 국내외, 실내외를 아우르며 다양한 형식실험을 거쳤고 세 번째 〈모래의 정거장〉은 한일 합작으로 한일의 대표 배우가 함께한 기념비적 공연으로 기록된다. 4년에 걸친 이 정거장 연작은

〈흙의 정거장〉을 끝으로 2013년 제주도 우도의 묘지오름과 비양도 해안에서, 일몰과 일출의 자연빛을 배경으로 그 피날레를 장식했다.

4년에 걸친 침묵극 작업에서 나는 인간을 움직이는 내적 근원과 동력을 발견한다. 사소한 몸짓 하나가 그 나름의 기호학적 사인을 갖는다는 것, 그 기호는 오로지 내적 성찰과 사색, 욕망과 감정의 덩어리로부터 출발한다는 것을 온전히 이해하는 긴 시간이었다.

나는 노의 영향권에서 벗어나 느리게 걷기의 원형을 천천히 걷기로 대체했다. 형식으로서의 움직임이 아니라 내용으로서의 움직임으로 전형한 것이며 이것은 전혀 다른 세계다. 나는 침묵극이란 말없음이 아니고 침묵이라는 언어를 표현하는 것임을 역설했다. 배우들에게, 인생에는 말없이 그저 걸어야 하는 순간이 있다, 자, 그 순간을 연기하자고 했다.

그것은 춤을 닮았다. 존재와 대화하는 춤이다. 수식이나 테크닉이 없는 명상의 춤, 생각하는 몸인 것이다. 관객은 바라봄의 시선에서 출발하여 내적 자아의 몰입에 도착하는 시간까지, 즉 움직임의 본질에서 삶의 본질을 이해하기까지의 시간만큼 침묵 속에서 이루어지는 걷기에 함께할 것이고, 몸을 움직여 보는 이의 마음을 움직이고, 보는 이는 보는 것을 통하여 밀린 일기를 써가듯 자신의 존재를 발견하는 시간이 한 공간에서 실현된다. 이보다 더 아름다운 합일의 체험이 있겠는가.

2009년 혜화동에 창작 스튜디오 09를 만들고 지하공간 전체를 〈물의 정거장〉 무대로 만들었다. 그리고 2022년 대학로 예술극장 소극장 공간을 이와 유사한 공간으로 만들었다. 그것은 가운데 일정하게 떨어지는 물소리가 들리는 수도 하나를 설치하고 사방의 벽에 관객을 기대앉게 만드는 것이었다. 관객과 무대의 레벨이 같은 큰 박스형 공간이 만들어진 것이다.

이러한 시각적 개념은 자코메티의 '걸어가는 사람'에서 영감을 얻었다. 그의 걸어가는 긴 사람의 조각처럼 단지 걷는 사람을 아래에서 위로 바라볼 때 조형적 일치감이 형성되리라는 것이 나의 생각이었고 관객은 어김없이 걸어다니는 자코메티의 긴 사람들을 보았다. 그 걸음의 생각, 생각하는 몸을 읽는 소중한 체험은 과히 성공적이었다.

무대의 중앙에 시종일관 수도에서 일정한 양으로 떨어지는 물이 있다. 객석이 없고 관객은 벽에 기대 바닥에 앉는다. 등장인물은 남녀 동수로 12인이다. 그들은 물을 찾아온다는 공통점이 있다. 그 물은 오는 사람의 목적에 따라 즉물성에서 서서히 상실, 갈증, 욕망, 희망 등 다양한 내적 언어로 변형된다. 단지 뭇사람들이 오고 가고, 만나고 헤어지고, 지나가고 멈추는 한 시간이 흐르고 공연은 끝난다. 그제서야 관객은 그 시간이 한 남자와 한 여자의 삶의 여정이었음을 깨닫는다. 존재의 의미, 그 관계의 부조리함을 외치는 공허한 몸짓의 시간이었음을 깨닫는다. 정거장이지 않는가. 만나고 헤어지고 기다리고 떠나는, 그 누구도 머무르지 않고 잠깐 들렀다 가는 곳, 인생이지 않는가.

물은 생명이다. 물은 사랑이다. 물은 성수와 구정물처럼 성스럽기

〈물의 정거장〉, 권성덕

도 하고 더럽기도 하다. 몸을 씻기도 하지만 물바가지를 퍼부어 싫은 사람을 내쫓기도 한다. 물은 슬픔이기도 하고 식욕이기도 하고 성욕이기도 하고 오줌이기도 하고 눈물이기도 하고 국물이기도 한다. 그리고 물은 갈증이었다가 살해 도구가 되기도 한다.

시시각각으로 변하는 물의 이미지로 분탕질을 해봄 직하다.

인생이 평탄치만은 않은 것처럼 세 번째 물의 정거장은 이런 분탕질이 제격이다.

바람의 정거장
2008

〈바람의 정거장〉, 이유정, 양동탁

질서에 대한 짧은 소묘

작가 오타 쇼고의 〈정거장 연작〉을 읽어보면 그의 작품 전체에 흐르는 물 위의 바람, 바람 아래 모래, 모래 아래 흙이 있다. 그의 작품에는 유사한 생활 오브제들이 반복해서 등장한다. 냉장고, 재봉틀, 변기 같은 것들인데 먹고 입고 마시고 배설하는 원초적 인간 행위를 받아내는 그릇들이다. 나는 일상의 소소한 삶 또한 유한한 삶이 있는 정거장을 큰 뼈대로 구축한다.

그것들은 잠시 머물다 이윽고 떠나는 인간의 운명처럼 삶과 죽음에 대한 사랑, 경배, 슬픔이 절절히 배어 있다. 그 길에 사유를 심어 죽음을 곁에 둔 인간 존재가 삶에 그리는 덤덤하고 진실한 지도 하나를 만들어가는 것이 나의 연출 플랜이다.

〈물의 정거장〉을 끝내고 〈바람의 정거장〉에 멈췄다.

무대를 모래로 가득 채웠다. 모래바람 이는 언덕을 배경으로 무한한 열정을 품는 인간의 내면에 부는 무채색의 바람, 기억, 소유와 소멸, 절대고독의 시간을 그려낼 것이다. 나의 〈바람의 정거장〉은 침묵으로 일관한 배우의 몸짓, 음악에 영상이라는 시청각적 요소를 삽입하여 관계, 욕망, 소유와 소멸, 인간의 절대고독에 관한 무대 위의 詩였다.

오타 쇼고의 수식 없는 세계는 김아라의 수식 있는 세계로 전형된다. 찰나의 몽상처럼 모래바람 이는 무대 위에는 숱한 남녀들이 만남과 이별을 반복하며 성욕과 식욕이라는 열망을 담아 생의 뜨거운 바람을 일으킨다. 거울 속에 거울을 비춘 것처럼 등장인물들은 서로의 얼굴과 시간을 닮아간다. 반복되는 음악, 반복되는 이미지 속에 등장인물들

김아라

은 화석처럼 앉아 있고 무대 바닥 전체에 유영하는 물고기 영상을 투영함으로써 인류 최초의 화석인 물고기 같은, 어항 같은 연극은 끝난다.

물 위의 바람이다.

의식주라는 일상의 메타포들이 덤덤히 펼쳐진 무대 위 배우들의 발자국을 따라가다 보면 인생이라는 길이 보이고 만나지는 객관적인 진실이 있다. 변치 않는 인간의 질서에 대한 짧은 소묘 같은 연극이 김아라의 〈바람의 정거장〉이다.

세상에서 가장 통속적인 소재, 그러나 인류의 가장 보편적인 소재인 만남과 이별을 그리며 정작은 소멸이 아닌 생산에 대한 인류의 소망, 삶에 대한 무한한 경배를 만난 시간이었다.

✦

모래의 정거장
2011

수돗물 한 줄기 앞에서 성욕, 갈증, 소외, 고뇌 덩어리의 몸이
물에 닿는 시간에 대한 명상이었던 물의 정거장을 지나고
생활폐기물들이 펼쳐진 모래사막 위에서
탐식과 배설의 행위처럼 만남과 헤어짐을 반복하던 지리멸렬의 시간,
바람의 정거장을 지났다.

이제 정거장 연작의 그 세 번째로 원에 갇힌 모래의 정거장을 펼쳐 놓는다.

〈모래의 정거장〉, 백성희

원(圓)

그곳은 현재와 과거가 공존하는 시간이다.

그 원은 모래로 덮여 있다.

서로 엉기지 않는 모래알의 속성처럼

형체는 없고 잔주름 같은 삶의 무늬만 남아 있는 시간

기억의 시간이다.

남녀의 만남과 이별, 열정과 허무의 순간이 반복되는

생명과 잉태와 죽음의 순환 공간

모래 위에 열정의 흔적을 남기지만

바람 한번 불면 흔적은 사라진다.

결국 소멸하는 삶이 펼쳐지는

의식주의 시간이다, 원은….

침묵으로 서성이는 이 모래 위의 인물, 빛, 영상, 오브제들이

소멸하는 삶에 대한 사색으로 일관되기를 바라며

동양화의 여백과 정중동(精中動)의 미학을 기초로

김아라식 윤회적 명상 한 토막을 그려본다.

우리, 살아가는 이 시간은

돌고 돌아 제자리로 가는 헛걸음질, 지워지는 시간이다.

연출노트에서 발췌. 2011년 8월 김아라

연출노트를 이렇게 썼다. 본래 작가는 물, 바람, 흙이라는 '정거장 3부작'을 썼고 〈모래의 정거장〉은 〈바람의 정거장〉의 각색본이었다. 베를린 공연을 위한 각색본이라고 했는데 나는 이 작품을 개작 수준의 독립된 희곡으로 봤으므로 '정거장 4부작'이라 명명했다.

이 작업은 한일 공동 제작으로 한국과 일본의 무대에서 순차적인 공연을 계획했다. 백성희, 박정자, 권성덕, 남명렬 등 한국의 대표 배우들과 오타 쇼고의 전 멤버였던 일본의 대표 배우들이 함께한 기념비적 작업이었다. 작업 과정이 매끄럽지만은 않았는데 오타와의 연극론에 익숙하고 오랫동안 그의 연출로 훈련된 멤버들이기에 한국적 정서와 미학으로 대체되는 이 작업이 쉽게 소화되지는 않았을 것이다. 그중에 다혈질인 일본의 스타 배우 오스기 렌은 나의 새로운 해석이나 방법론을

고인이 된 오타에 대한 무례한 도전으로 여기는 듯했다. 이미 벽을 세우고 힘들어하는 그였기에 그를 도울 방법을 이리저리 모색했다. 힘들어할 때마다 설명을 곁들이고 그를 위로했다. 그리고 대부분 침묵으로 대처했다.

배우는 온전히 이해되고 합일되지 않으면 움직이지 못한다. 게다가 정서가 다르고 표현이 다른 세계를 수용한다는 것은 스스로 혼과 육체를 과감히 비운 빈 그릇일 때 가능하다. 또한 배우는 작품마다 새로 태어난다. 매 순간 새로운 시작이다. 자신이 경험하지 못한 새로운 인생을 살아야 하는 배우의 생은 이렇듯 험난하다. 경험이 많은 배우들의 함정은 매너리즘이다. 어떤 캐릭터를 상상하면 대충 일반적인 선입견이 먼저 작용한다. 그래서 대충 연기를 하게 된다. 이 세상의 숱한 인간들이 제각각 다 다른데, 다르다는 것은 다르게 생각하고 다르게 표현한다는 것이다. 그 수많은 다름에 대하여 연구하지 않는 오만은 결국 매너리즘을 낳는다.

그런 의미에서 나는 쉬지 않는 배우를 인정하지 않는다. 인생을 살고 사색하며 사람을 관찰하고 여행을 하고 산에 오르고 음악을 듣고 시를 읽으며 하루하루의 일상이 음악처럼, 시처럼 흘러가지 않는 사람은 예술가라 인정할 수 없다. 아름다운 식탁, 예쁜 손수건, 향수, 그릇, 노트, 연필 등 생명이 없는 것 하나에도 내 혼을 싣지 않는 사람이 어찌 예술가일 수 있지? 나는 제발 흩어지라고 말한다. 고독을 사수하는 시간을 위하여!

어느 날, 박정자 선생님께서 전화를 주셨다. 지하철역에서 전철을 기다리는데 벽에 시가 적혀 있단다. "참 좋아, 들어봐." 선생님께서 낭송하신다. 지하철역에서 봄을 노래하신다. 단정한 필통을 자랑하시고 깨끗한 음식을 소중하게 천천히 드신다. 장미꽃 한 송이에 소녀처럼 환해지시기도 한다. 언제나 꼼꼼히 필기하시고 아주 작은 목소리로 다소곳이 자신의 의견을 말씀하신다. 예쁜 말로 간결하게…. 그리고 상대의 이야기를 기다리는 여분을 즐기신다. 삼박자에서 하나의 박이 여분일 때, 숨을 들이켜고 내쉬고 나머지 한 호흡을 시선으로 마무리하실 때, 선생님은 일상도 연주를 하시는 것이다. 무대 위에서 사뿐히 내딛는 발걸음, 몸무게가 전혀 느껴지지 않는 그 발걸음처럼 팔순을 넘긴 예술가의 생은 가볍고 거뜬하다. 나의 선생님. 나의 친구.

그 후 몇 년 후 다시 오스기 렌을 만났다. 다큐멘터리를 만드는데 꼭 나와의 대담을 넣고 싶다는 것이었다. 우리는 몇 년 만에 만났고 옛이야기를 나누며 웃었다. 그는 자신의 부족함을 사과했고 다시 작업으로 만나고자 했다. 그래서 우리는 '물의 정거장' 이야기를 잠깐 했다. 그리고 한 시간가량의 대담을 나눴다. 그런 그가 다큐멘터리가 방영되기도 전에 갑자기 세상을 떠났다. 저녁 식사 후 이유 없는 복통을 호소하고 그대로 영면에 들었다는 것이다. 그 다큐멘터리는 추모 방송으로 재편집되어 방송을 탔다. 애써 날 찾아주었던 그와의 마지막 만남이 여운으로 남았다. 내겐 참으로 감사한 일이었다.

백성희 선생님이 쓰러지셨을 때 우리 모두는 선생님을 잃을까 걱정했다. 하지만 나는 선생님을 포기하지 않았다. 전화를 드렸다.

"선생님, 천하의 대배우 백성희가 이렇게 가실려고요? 일어나세요!"

"대사를 외울 수가 없어. 잘 걷지도 못해."

"대사 없는 연극이에요. 아주 천천히 걷기만 하면 돼요. 운동하셔야지요!"

선생님께서 일어나셨다. 〈모래의 정거장〉에 합류하신 선생님은 서울, 부산, 다시 서울, 그리고 도쿄까지 단 한 번의 언더스터디 무대를 허용하지 않고 완벽하게 무대를 지켜내셨다. 그리고 그 후 삼 년 동안 아무도 모르는 우리 둘만의 데이트를 시작했다. 가고 싶은 곳 다 가고, 먹고 싶은 것 다 먹는, 하고 싶은 일은 모두 하는 데이트, 그 신나는 데이트의 추억은 내 마음의 일기장에 선명하게 기록되어 있다. 그 끝은 제주도 여행이었다. 나는 선생님께 마지막 여행을 선물한 사람으로 남아 혼자서 그 아름답고 평화로우며 차분하게 생을 정리하시던 선생님의 존엄을 그린다.

예술은 자기만의 세상을 건설하려는 원대한 꿈을 지닌 자들만이 가는 특별한 길이다. 그렇지 않고서야 자신에게 천착하여 미련하다고 할 만큼의 희생을 통한 자기 완성의 삶을 선택하겠는가. 그러나 그 광기의 질과 광기의 내용과 광기의 깊이는 각자 다르다. 그래서 연극처럼 많은 사람이 함께하는 예술은 때로 헛헛하다. 모여서 힘을 합해 길을 틀 수는 있으나 그 길은 물처럼 흘러가는 길이어야 한다. 아쉽더라도 만남과 이별을 거듭하며 고여 있지 않아야 한다. 누구나 홀로 고독과 투쟁의 학습시간을 갖지 않으면 안 된다. 자신의 내적 갈등과 아픔과 절망과 희망들이 온전히 소재이며 주제이길 바라는 예술가의 인생에서 그것은 최선이다. 오늘 내가 나무를 심었고 훗날 누군가가 그 열매를 딸 것이며 그로부터 먼 미래의 누군가가 그 나무로 집을 지을 것이다. 머물 수 없는 시간의 길 위에서 잠시, 내가 아닌 그 누군가를 위해 삽질 몇 번 하다 사라지는 것이 인생이다. 흘러간다, 시간은. 그리고 그 누구도 당신을 기억하지 않는다.

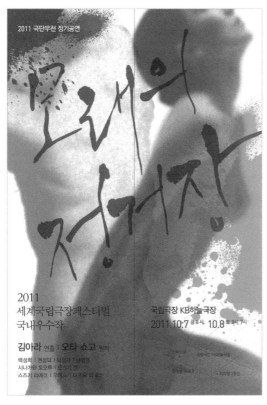

〈모래의 정거장〉 포스터

벌써 오래전 지금

김 근

뒤뜰 감나무 좁은 틈 사이

여자 하나 살았더랬는데

밤마다 여자 나무에서 나와

붉은 춤을 추어댔더랬는데

어느 날 아이 하나 강동강동

여자를 베어 먹어버렸다지

여자를 먹고 아이는

감나무 좁은 틈을 열고

들어가버렸다지

떫고 떫은 날

한 며칠 흘러

붉은 감만

다글다글다글다글 ✛

✦

페터 한트케 연작
1993, 2019, 2021

어떤 영혼들은…

어떤 영혼들은
푸른 별들을 갖고 있다.
시간의 갈피에
끼워놓은 아침들을.
그리고 꿈과
노스탤지어의 옛 도란거림
이 있는
정결한 구석들을.

또 다른 영혼들은
열정의 환영(幻影)들
로 괴로워한다. 벌레 먹은
과일들. 그림자의
흐름과도 같이
멀리서
오는
타버린 목소리의
메아리. 슬픔이 없는 기억들.
- 로르카 시집 《강의 백일몽》에 수록

우리가 서로 알지 못했던 시간 1993

새해에 일기를 쓰면서 소박하게도 나는 극장에서 찾아야 할 것은 기쁨이라고 생각했다. 거의 삶 전체라고 해도 무방할 이 연극이라는 것에서 기쁨을 환불받고 싶었다.

지금까지 살아온 것처럼 산다는 일도, 지금까지 해왔던 것처럼 연극을 한다는 것도 무료했다. 이 세상사와 무관하게 단지 연극적인 것을 만나고 싶었다. 연극적 유희를 즐기고 싶었다.

응급실 신세를 몇 번 졌다. 의사가 영양실조라는데 기가 찼다. 집중하면 모든 것을 잊어버렸다. 먹는 것도 자는 것도 주변의 말소리도 사람의 얼굴도…. 죽음이라는 거대한 허무 앞에서 언제까지 말장난을 하고 있을 것인가.

코앞에 둔 사회의 현상에 대한 대응 방식? 천만에…. 이 세상은 한 사람의 예술가가 응분으로 분해, 재조립한다 해도 별수 없는 흐름이 있다. 쓰잘 데 없는 몽상이나 천부적인 게으름 혹은 유희지향주의적 사고의 소산이면 어떠랴. 축제의 원형을 찾아가자. 하늘과 땅이 중심처럼 행세한 선조들의 놀이정신을 찾아가자. 프로시니엄이라는 극장이 갖는 무게와 서술이 내 감각에 계속 안정제를 투여하고 있는 꼴이다.

나는 새해부터 집안에 틀어박혀 나 자신에게 계속 투정만 부렸다. 연극은 창의적 욕구를 가진 사람이 꿈꾸는 하나의 세계이다. 나름대로 펼치는 현실로부터의 유리, 혹은 접근 방식인 것이다. 연극은 연극적 인간의 집단이 함께 꿈꾸는 유희적인 세계이다. 식욕, 성욕, 소유욕, 사랑, 죽음, 두려움, 질투…. 이런 것들의 아름다움으로 가득 찬 세계. 매우 인간적인 세계에 대한 꿈인 것이다. 적어도 나에게 연극이란 그랬다. 이런저런 생각, 정리와 정리를 거쳐서 얻은 첫 선물은 페트 한트케와의 만남이다.

이 연극은 너무나 밝아서 모든 현실이 발가벗겨지는 듯 투명한 오후의 공원을 무대로 한다. 원본에서는 광장이지만 광장 문화가 없는 우리에게는 공원이 어울릴 것 같았다. 모든 사람의 공통된 이상인 '휴식'이 있는 곳, 혹은 머물렀다 가는 그곳, 공원이다.

작가는 광장의 카페에 앉아 하루 동안 그곳을 지나가는 사람을 스케치했다. 나는 작가의 눈을 통해 그 지나치는 사람을 바라본다. 독일이 아닌 서울의 공원이다. 작가가 보는 환상 혹은 착시 현상이 나에게도 나타난다. 서로 단지 스치며 지나가는 사람들은 각자가 처한 부재, 혹은 고독의 양상으로 갈무리된다. 사진보다 더 선명한, 내부의 세포 조직까지 들여다보이는 그 환상을 나는, 우주를 떠다니는 섬과 같은 존재인 내가 시적 몽환 속을 헤매면서도 놓치지 않으려는 자의식의 섬광 같은 것이라고 단정했다.

이 연극은 말이 없다. 배우들은 침묵을 연기한다. 관객들은 자신들이 처한 이 황당한 현실 앞에서 당혹감을 감추지 못하지만 두 시간 동안의 침묵 여행을 겪는 동안 이미 헤어날 수 없는 심연 속에서 스스로에게 말을 건다. 아니, 소설을 쓰고 있다. 예기치 못한 일들이 극장에서 벌어진다. 관객들에게 말뿐인 세계를 비웃고 '본다'에서 '체험한다'라는 자유를 던진다 .

연극은 관객이 들어서면서부터 시작된다. 공간 전체가 공원의 일부로 꾸며져 있고 관객은 산책자들로 처리되며 서로를 마주 보도록 되어 있어 그들은 자신의 의지와 상관없이 이미 연극에 개입하고 있다. 서로를 보는 것, 이미 관객과 관객 사이에서 연극이 시작되는 것이다. 무언가를 아주 오랫동안 주시하면 일종의 착시현상 같은 것을 일으키는데, 이 연극은 관객에게 그것을 유도하며 두 시간 동안, 수도 없이 옷만 갈아입으며 300여 인간군상을 연기하는 배우의 스침을 느끼고 있다. 사실보다 더 사실적이라서 환상이 되는 리얼리티, 일상의 내재율까지 투시되는 관찰자의 눈, 그 망막의 세계를 형상화한 것이다.

이 연극은 인간이 존재한다는 사실 외에는 의미가 없다. 끊임없는 반복과 회전을 통해 막연히 존재의 의미를 찾아가는 여행이다.

우리는 걷는다
걸어서 간다
다시 돌아온다
그리고 걷는다
걸어서 간다 ✦

즐겨 다루던 윤회와 원형의 미학 속에 페터 한트케와 자코메티가 만나고 김아라가 시를 썼다. 작은 공간에서 50명 관객을 한정하고 연극실험실 혜화동 1번지 개관 기념 공연으로 세상에 던진 나의 일성이다. 우리가 믿고 있던 연극의 질서를 일순 무너뜨리고 재조립해 한층 자유롭고 확장된 틀에서 우리 만나보자. 나는 참으로 통쾌하고 만족했다. 광장이다. 무수한 사람들이 지나가는 곳이다. 더러는 오물 덩어리처럼 웅크리고 앉아 있기도 한 곳, 한여름 밝은 대낮이다. 지나가는 자동차며 서 있는 나무며 팔랑거리는 여자의 치맛자락이며 걸어가는 검은 구두들, 이 도시에 어울리지 않는 별의 날개짓까지 늘상 보는 것들이 극장 안에서 소음을 일으킨다.

그곳에 한 걸인이 있다. 그는 그 광장의 주인이 되어 언제나 미끄럼틀을 오르내리며 세상을 올려다보기도 내려다보기도 한다. 그는 오로지 아침에만 깨어 있다. 그 시간 이후에는 취해 있다. 취해서 광장을 지나치는 사람들을 기웃거리고 흉내 내기도 한다. 그는 보지만 스며들지 않는다. 생각하지도 않는다. 비밀을 지키는 단 한 명의 증인으로 남아 있기를 바라면서 그는 열심히 지나치는 사람들을 읽는다.

의미는 관객을 대상으로 하는 연극에서 필수불가결의 원칙과 같은 것이다. 연극을 통해서 무언가 주장하지 않으면 안 된다. 메시지, 메시지 하면서 관객을 훈계하고 가르친다. 사람이 하는 일에 어찌 목적이 없을까마는 캔버스를 까맣게 칠하고 그림이라 우기면 의미 부여는 누구의 몫인가? 캔버스에 면도날 칼집을 내고 작품이라 우기면? 그리는 대신 페인트를 뿌리면? 마릴린 먼로의 얼굴을 사정없이 나열하면? 변기를 조형물로 둔갑시키면? 공간이라는 다면체적 캔버스에 조형과 색

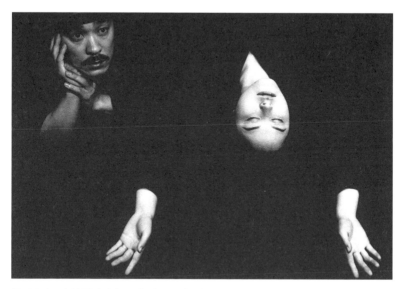

〈우리가 서로 알지 못했던 시간 1993〉, 정규수, 백은정

감과 질감과 부피감이라는 언어가 있는데, 극장 안의 먼지조차도 당신에게 속삭이는데 그것에게 자꾸 말을 하라고 한다. 어찌 한 공간에 있다 하여 그대를 만날 수 있을까?

언젠가 그가 올까? 걸인은 기다린다. 그래서 자신이 잃어버린 자신의 한 조각을 돌려 달라고 하지 않을까? 〈우리가 서로를 알지 못했던 시간〉은 걸인의 취중 몽상 속에 스치는 존재들의 무상함을 수식없이 나열한다. '수식 없는 나열.' 나는 이 실험적 작업에서 관객에게 백지를 건네는 일이 가능하다는 것을 발견했다. 그리고 전율했다.

페트 한트케가 그랬다. 자신이 마지막으로 희곡을 쓴다면 침묵극일 것이라고. 이해한다. 그는 많은 소설에서 힘주지 않고 과장도 없이 가족의 폭력과 파괴와 부재와 자살과 이별을 또한 작가 자신의 오랜 심연의 고독을, 절망을 뇌까렸다. 썼다는 표현보다는 뇌까렸다는 표현이 어울릴 만큼 그는 그 허무에 익숙하고 또한 진술했다. 나는 그런 페터 한트케에게서 일찍이 위대함을 보았고 마치 내 생각인 듯 2020년 그는 노벨문학상을 받기에 이른다.

한가하면 서울역 광장이나 사람이 많이 모여드는 공원에라도 나가봄 직하다. 그리고 두 시간만 한 자리에 앉아 지나가는 사람들을 바라보자. 우리는 어쩌면 앞으로도 영원히 만날 수 없는 사람들이다. 저마다의 고독으로 저마다의 시간을 걷고 있다. 그들에게 오목렌즈와 볼록렌즈, 광각렌즈까지 들이대면 그들은 가늘고 길고 짧고 통통하고 모나고 헝클어진다. 우리는 이 지구의 어느 한 모퉁이에서 각자의 모양새로 '우리'라는 고독을 살아간다. 일정한 거리가 있다. 그들 사이에는….

혜화동 연습장에서 바람이 부는지 비가 오는지, 흐린지 뙤약볕이 기승을 부리는지 도대체 모를 일이다. 해가 떴는지 어둠이 왔는지 시간도 가늠할 길이 없는 지하 창고, 검은 벽과 나무마루가 깔린 연습장에는 가로 1미터 80센티미터, 세로 90센티미터가 되는 유리 책상과 의자 하나가 놓여 있다. 벽에는 그 흔한 그림 한 폭 걸려 있지 않다. 휑한 40여 평의 공간, 나는 빈 공간의 정적을 그 무엇보다도 사랑했다.

나만의 은밀한 의식을 치르기 위해 나는 늘 연습 시작 두 시간 전쯤 연습장에 도착한다. 커피를 끓이고 담배를 피워 물고 30분쯤 몸을 푼다. 그리고 눕는다. 세상으로부터, 집으로부터 몸도 마음도 온전하게 독립하는 데 필요한 의식을 혼자 치른다. 가장 행복한 시간이다. 사면의 검은 벽이 서서히 좁혀들면서 나를 가두는 듯, 안아주는 듯 편해질 때, 침묵에 쌓인 공간에는 알지 못할 선율과 이미지들과 언어들이 들려온다. 온전히 혼자 자유로워지는 이 의식 없이 내게 세상을 버텨낼 힘은 주어지지 않았다.

혼자 텅 빈 40평의 공간에서 자신의 마음속에 일어나는 잔상들과 대화하는 나의 모습을 사람들은 흔히 고독이라 말한다. 그러나 나는 자유라고 말한다. 자유는 이렇듯 나를 가두는 데서 시작된다. 사람들로부터 일상의 소요로부터, 그리고 극장과 객석과 화려한 스포트라이트로부터 온갖 너스레를 떠는 만남이나 장식성 대화나 관계로부터 나를 가두는 것.

이윽고 연습장에 스태프와 배우들이 몰려온다. 기합을 지르고 몸을 날리고, 언어와 숨소리로 창조적 열기로 후끈 달아오르는 연습장은 쟁이들의 열기로 가득 찬다. 나 역시 알다가도 모를 힘이 치솟아 올라 그들과 뛰고 뒹군다. 시간이 멈춰버린 듯 탈진 상태에 이른 이 광증의 작업이 끝나는 시간은 언제나 밤 12시. 다시 모든 이들을 떠나보내고 나는 혼자 눕는다.

다시 침묵 속으로 혼자만의 질주를 시작하는 것이다. 자유로워서, 한없이 자유로워서.

우리가 서로 알 수 없었던 시간 2019

회상 속에서가 아니라 지금이 아름답기를….

페터 한트케

페터 한트케의 무언극 〈우리가 서로 알 수 없었던 시간〉은 제목에서 시사하듯 수많은 사람들이 지나가는 임의의 광장에서 비껴가는 사람들과 시간이 주인공이다.

연출자는 그 광장에 시종일관 상주하는 노숙자 한 사람을 설정한다. 그는 작가의 경험처럼 그 광장에서 지나가는 사람들을 보는 사람이며, 관찰자인 동시에 그 광장을 지키는 유일한 사람처럼 보인다. 그러나 그들과는 전혀 별개의 다른 사람일 뿐이다. 또한 연출자는 그 광장을 지나치는 수많은 인간 군상들을 광장 노숙자의 시선으로 다룬다. 그 한 사람의 시선에 비치는 현실과 비현실 혹은 환영을 통하여 이 세상이 고독과 소외, 불통과 대립된 양상을 반복과 회전장치로 나열한다. 그 어느 곳에도 속하지 못하는 노숙자가 인간이 되기를 희망하나 결정을 내리지 못하고 거리를 배회하는 천사였음을 알게 되는 것은 연극의 종결 부분이다. 이러한 반전을 이루며 이 연극은 이 사회가 처한 현실을 비극적으로 바라보는 연출자의 시선을 대변한다.

나는 1987년, 페터 한트케가 쓰고 빔 벤더스 감독이 연출한 영화 〈베를린 천사의 시〉라는 영화에 깊은 감명을 받았다. 1992년 페터 한트케는 희곡 〈우리가 서로 알 수 없었던 시간〉을 발표하는데, 나는 1993년에 이 희곡을 긴급 입수하여 '연극실험실 혜화동 1번지'의 개관 공연으로 발표하였다. 실험실의 방향성을 제시하는 목적이 담긴 작업이었다. 나는 작은 공간을 텅 비우고 벤치 몇 개를 배치하고 관객을 50명으로 제한했다. 언젠가 제대로 다시 제대로 창작하겠다는 일념으로 묶어둔 이 작품을 2019년 메리홀 대극장에서 공연하기에 이른다.

말없이 등장하여 260여 인간 군상으로 변신하는 19명의 배우들, 그 숫자만큼 등장하는 의상과 오브제, 연극 언어로 가득 찬 음향과 영상, 또한 움직임의 언어들이 조화를 이루며 연극의 또 하나의 새로운 개념인 '비언어 총체극'을 실험한다. 드라마에 익숙한 우리 관객에게 시처럼 음악처럼 다가가 한겨울 밤의 따뜻한 꿈이 되기를 소망하며.

배우와 스태프 모두가 공동제작자로 참여하여 연극 특유의 화합과 상생의 정신을 재확인하고 열악한 연극 환경에 대응할 또 하나의 방향, 즉 문화 운동적 방법론을 제시해 보았다. 가히 전투적인 방식이었다. 문제는 타락한 영혼이지 가난이 아니라는 것을 증명해 보일 방법은 바로 이것이다. 인간의 예술, 영혼의 불꽃이 일으키는 섬광, 우리 모두는 영광스럽게 그것을 증명하였다. 이 무대가 대립과 불통, 소외와 고독으로 황폐한 현실에서 연출자가 가리키는 손가락 끝 방향을 따라 함께 사색하는 길이기를. 그리고 '회상 속에서가 아니라 지금이 아름답기를'이라고 페터 한트케의 말을 읊조리며.

2013년 우도 프로젝트를 마치고 2014년 진도로 여행을 떠나기 사흘 전에 세월호 참사가 터졌다. 그것도 진도 앞바다 팽목항에서…. 싸놓은 짐가방 옆에 털썩 주저앉았다. 주저앉아 울다가 드러누워서 울다가 급기야 응급실에 실려갔다. 나의 몸이 슬픔의 무게를 이기지 못한다는 사실을 그때 알았다. 싸둔 짐을 그대로 차에 실어서 엄마가 계시는 요양병원 옆으로 달려갔다. 그리고 2018년까지 고스란히 4년 동안 칩거 생활을 했다.

그 사이 몇 개의 작업 약속이 있었으나 하나도 지키지 못했다. 집요한 요청이 있었지만 사실은 김아라 구출 작전이었음을 모르는 바 아니다. 나의 능력과 나의 열정을 누구보다 잘 알아주는 선배들의 메시지였다.

'절망하지 말고 일어나라, 김아라.'

그러나 할 수 없었다. 평생 문지방에서 딸의 귀가를 기다렸던 어머니에 대한 내 나름의 마지막 인사를 기쁜 마음으로 치르자는 생각이었고 최선을 다했다.

긴 시간의 공백을 마치고 서강대학교에 개설된 '김아라 배우 아카데미'를 시작했다. 그리고 작업을 시작했다. 오랫동안 묵혀두었던 대본 〈우리가 서로 알지 못했던 시간〉을 꺼내 들고.

1993년 작업에서는 한 걸인이 미끄럼틀 위에 앉아 세상을 내려다보고 있다. 느닷없이 양복을 입은 사내가 나타나더니 미끄럼틀 아래 쓰러진다. 그는 숨을 헐떡이며 공기방울에 매달리듯 허공에 대고 사지를 버둥거리며 꺼지는 숨을 잡으려 안간힘이다. 그의 동작이 클라이맥스에 도달하는 순간 그는 뻗는다. 어디선가 경보음이 들려온다. 하얀 가운을 입은 의사들이 들것을 가져와 사체를 싣고 간다. 순식간에 일어난

〈우리가 서로 알 수 없었던 시간 2019〉 포스터, 정동환

일이 걸인에겐 마냥 신기하고 재미있다. 그는 잠깐 자신의 눈앞에서 벌어진 그 광경이 그저 요정이 추는 물고기의 춤 같다고 생각한다. 그의 귀에 아르헨티나의 탱고 '검은 눈동자'가 들려오고 그는 그 신사를 흉내 내며 미끄럼틀 위에서 춤을 춘다. 물고기의 춤을. 이윽고 어둠이 온다. 그는 엄밀하게 말해 단절된 세상에서 신사의 죽음과는 무관한 저 혼자만의 춤을 추고 있다.

20대의 한 시인이 심야영화를 상영하는 극장에서 죽었다. 영화가 끝나고 극장 안을 점검하러 들어온 수위에게 그 은밀한 새벽의 고독은 들통났다. 다음 날, 신문은 예사롭지 않은 그의 죽음을 보도하고 사람들은 온갖 추측과 소문을 실어 나르며 죽음잔치를 치르기에 이른다. 우리는 그저 물고기의 춤을 출 뿐이다. 그가 죽어간 자리에 지도처럼 각인된 땀자국 위에서 그가 뱉어낸 시 몇 구절을 기억하면서 때가 되면 음악을 틀고 그를 흉내 낸 물고기 춤을 춘다. 그의 죽음과는 무관한 저 혼자만의 춤을 추는 것이다. 기형도 시인, 이 작품 속에 등장하는 아스팔트 위에서 죽은 남자는 바로 그였다.

1993년의 작업과 크게 달랐다. 이제 노숙자는 마지막 장면에서 천사가 되고 그가 광장에서 보는 군중 외 환영의 장면들은 전쟁, 폭력, 학살, 실종, 고문의 이미지들로 대체되었다. 그의 상념 속에 이는 환영의 장면들은 1950년 한국전쟁에서부터 최근 광화문 광장 삽화까지의 현실이었다. 대한민국 서울에서의 현재를 사는 우리들의 〈우리가 서로 알 수 없었던 시간〉을 증명해 보이는 작업이었다.

〈우리가 서로 알 수 없었던 시간 2019〉, 박호빈

누군가 지나가면서 슬그머니 자신의 기다림을 누설했는지도 모른다.

누군가 지나가면서 슬그머니 자신의 권태를 누설했는지도 모른다.

누군가 지나가면서 그 비밀들을 훔쳐보았는지도 모른다.

오고 가는 길이 교차되지만 그들은 정작 맞닥뜨리지 않는다.

끊임없는 교차가 무의미하게 반복된다. 그러면서 그들은 흘깃 상대의 기다림과 권태를,

그 비밀들을 훔쳐본다.

그렇게 '우리가 서로를 알지 못했던 시간'이 흘러간다.

우리가 서로 알 수 없었던 시간 2021

시대의 아픔을 보다, 축배의 노래

연출은 계절이나 시간의 지문, 인물의 세부 묘사가 거의 없는 페터 한트케의 원본에서 길 위에 펼쳐지는 어느 하루의 찰나, 혹은 계절, 기후, 일상적 현실과 몽상 혹은 착시의 순간과도 같은 비현실을 무작위로 펼쳐 놓는다. 하루 몇 시간, 광장을 지나치는 사람들을 관찰하는 작가의 존재와 시선을 염두에 둔 채, 연출은 광장에 상주하는 노숙자를 그대로 둔 채 페터 한트케의 광장을 한국의 어느 시간과 공간으로 옮겨 놓는다. 서로 다른 광장의 문화는 페터 한트케에서 김아라로 옮겨오는 첫 번째 단서다.

우리에게 익숙한 광화문을 생각해 보자. 함성으로 절규로 희망찬 연대로 비통한 슬픔으로 혹은 전쟁 같은 대립의 현장으로, 각양각색의 덧칠로 가득한 우리의 광장. 그러나 아침이면 어김없이 샐러리맨들의 출근 행렬은 시작되고 공원화된 광장의 한 부분은 소풍객들이 한창이다. 삶의 아이러니와 유희가 나란히 공존하는 오늘의 풍경에 우리가 지나온 아픈 현대사를 섞었다. 마치 환영인 듯, 꿈인 듯. 시간의 흔적을 보는 것, 연출의 핵심이다.

원작에서는 다른 인물들과 마찬가지로 가끔 등장했다 사라지는 노숙자를 다시 주인공으로 무대에 상주시킨다. 무대 위에 펼쳐지는 삽화는 그의 의식의 흐름이다. 보는 것, 생각하는 것, 느끼는 모든 감정이

〈우리가 서로 알 수 없었던 시간 2021〉 포스터

다. 그러므로 우리의 광장은 크게는 한 인간의 심리적인 공간인 것이다. 그는 인간을 관찰하고 없는 이야기를 읽어내며 또 그 이상의 환상까지도 품는 좀 남다른 인간이다. 연출은 그에게 빔 벤더스 감독과 페터 한트케가 함께 작업한 영화 〈베를린 천사의 시〉에 등장하는 천사의 역을 심었다. 그가 견뎌내는 세상에 구원의 러브레터를 쉴 새 없이 보내며 하염없이 인간을 바라보는 천사, 고독이라는 문장 속에 갇혀 단지 보는 것으로 끝나는 그의 천사로서의 의무는 처량하다. 그러나 그는 그마저도 견뎌내야 한다.

맨발로 거리를 헤매는 성폭력 희생자 같기도 한 소녀와 발레리나, 붕대를 감거나 결박당하고 자루에 싸여 등장하는 알 수 없는 주검과 공중곡예 소녀 혹은 축제단원들의 팡파레, 상반된 희비의 나열 속에 굵직한 장면이 느닷없이 등장한다.

익명의 죽음, 실종, 학살, 전쟁의 이미지들이 그것이다. 느닷없이 세게 던져지는 큰 돌멩이처럼 이 장면들만 들춰내 엮으면 우리의 암울했던 현대사의 비극이다.

이렇게 이 연극은 알게 모르게 냉소를 품고 비수처럼 우리의 과거사를 비판한다. 그러나 연극이다. 작가가 대본의 첫 머리에 단 한 줄로 도도나 신탁소의 격언을 인용했듯 "네가 본 것을 누설하지 마라. 비유에 머물러라." 그래서 시다. 암시와 은유로 무장한 한 편의 서사시인 것이다.

광장을 떠도는 영혼처럼 고독하고 상처받은 영혼들이 그저 서로를 스쳐 지나가버린 시간…. 저마다 소외되고 습관적이며 저마다 방관하고 저마다 고독한 인간 군상들은 그저 걷는다. 그러나 극의 말미에 사람들은 모여들고 서로 발견하고 바라보고 만지고 만난다. 단순한 반복과 회전의 나열이 인간에 대한 경이와 위로로 전환되는 순간이 극적 클라이맥스로 펼쳐진다.

두 시간 동안 말없이 옷만 갈아입으며 걷기를 반복하는 연극, 그러나 관객은 인생 전반의 부조리 속에 자신의 모순과 좌절을 대입하여 울고 웃을 것이다.

〈우리가 서로 알 수 없었던 시간〉을 통해 우리가 만나는 방식이다. 과연 대수롭지 않게 그러나 뜨겁게 그럴 수 있을까? 나는 모든 것이 궁금하였다.

(2021년 7월 김아라)

**2019 노벨 문학상 수상 작가, '페터 한트케'와
연출가 김아라와의 반복되는 재회!**

〈관객모독〉〈베를린 천사의 시〉 등으로 알려진 오스트리아 작가 페터 한트케(Peter Handke)의 〈우리가 서로 알지 못했던 시간(Die Stunde da wir nichts voneinander wußten)〉은 독창적인 언어로 인간의 실존적 외로움과 불안을 '무심함에서 화합과 화해로 나아가는 시간'을 통해 극복해 가는 과정을 그린 침묵극이다.

연출가 김아라는 페터 한트케가 독창적인 방식으로 인간의 심연을 담아내고 있는 〈우리가 서로 알지 못했던 시간〉을 1993년 '연극실험실 혜화동1번지' 개관공연으로 워크숍 형식의 실험연극 〈우리가 서로 알지 못했던 시간〉을 공연한 바 있다. 2019년 서강대학교 메리홀 대극장에서의 공연에 이어 수정과 보완을 통해 지난 시간의 성찰의 과제들을 이끌어냄과 동시에 인간 존재의 근원적 고독과 만남의 의미, 상처와 치유에 관한 메시지를 관객과 공유하고자 한다.

대체 불가 대한민국 대표 연출가 김아라
비언어총체극 〈우리가 서로 알 수 없었던 시간〉 완성!

일본의 전설적인 작가 '오타 쇼고(おおたしょうご. 1939~2007)'의 침묵극 '정거장 시리즈'로 무대 위의 존재 가능한 모든 미학을 제시한 바 있는 연출가 김아라는 '페터 한트케'의 작품을 새롭게 각색하여 〈우리가 서로 알 수 없었던 시간〉을 탄생시켰다.

극장은 광장으로 변하고 사계절, 새벽부터 밤까지의 시간이 흐른다. 말없이 등장하여 360여 인간 군상으로 변신하는 20명의 배우들. 그 숫자만큼 등장하는 의상과 오브제, 연극 언어로 가득 찬 음향, 반복과 회전으로 쉴 새 없이 움직이는 무대는 일상과 환영이라는 장치를 통해 우리 현실에서의 대립과 소외, 불통과 고독을 침묵으로 그린 실험연극이다.

연출가 김아라는 텅 빈 광장에 상주하는 노숙자의 시선으로 시간과 시간 사이, 인물들의 방향과 시선, 찰나와 영원의 이미지들을 반복과 회전이라는 장치로 그려낸다. 마치 위에서 4차원적 세상을 내려다보듯 한 연출, 빛과 영상, 음향 등으로 관객의 모든 감각을 일깨우며 보고 듣는 것만으로 황홀한 교감을 이끌어낸다.

2021년 7월 보도자료에서 발췌.

시대의 아픔을 보다

야외극장을 찾아서 2월부터 순례가 시작되었다. 여차하면 광화문 광장으로 나갈 판이었다. 동일한 작업의 세 번째 버전은 야외극장이었다. 이곳저곳 둘러보는 동안 우연히 문화비축기지에서 예술공간 나눔 프로젝트를 진행하고 있음을 알았다. 선정되면 공간을 무료 제공받는다. 달려갔다. 그러고는 그곳의 많은 공간들을 꼼꼼히 살펴보고 T2 야외무대를 선정하여 공모 신청을 했다. 당선되었다. 한국문화예술위원회에

〈우리가 서로 알 수 없었던 시간 2021〉, 김태완, 이유정, 권로, 박진영, 문해주

서 8천만원의 제작지원금을 받았다. 코로나의 창궐로 정부의 모임 규제가 상당히 심하고 많은 극장들이 패쇄하거나 단체에서 제작을 중단하던 시기였다.

공연계 전체가 이 암울한 질병과의 싸움에 허덕이고 있었다. 함께 극복하기 위해 개인이 겪는 희생은 이루 말할 나위 없었다. 내가 힘을 내야 한다. 나이 든 내가 열심히 일해서 극복하는 모습을 보여주면 후배들도 힘을 내겠지 싶었다. 지원 신청부터 공연에 이르기까지 적극적으로 앞장서 달렸다. 참여자 모두에게 말했다. 모든 수입은 다 나누어 줄 터이니 절약하자. 실업자가 만연한 공연 현장에서 나누면 몇 푼 되지도 않겠지만 절약해서 모두 수고비로 지불하겠다고 하니 참여자 모두 내 일처럼 힘을 모았다. 나와 정동환 선생님이 개런티를 쾌척했다. 단 한 사람이라도 더 일자리를 만들려고 노력한 공연은 단연 처음이었다. 늘 부족했으므로 일자리를 줄일 수밖에 없었던 터라.

COVID-19, 인류에게 덮친 재앙은 우리 인간들을 예측할 수 없는 죽음으로 몰아갔다. 사람이 모이는 많은 장소들이 자의반 타의반으로 문을 닫았다. 병원도 식당도 교회도 지극히 사람 수가 제한되고 학교는 아예 긴 시간 문을 닫았다. 우리는 집에 갇혔으며 급기야 정부의 방역지침은 모이는 사람 숫자를 최대 두 명까지 제한하기도 했다. 바이러스가 뚫지 못하는 곳은 없었다. 우리의 일상은 바이러스의 급습으로 완전히 통제 당했다. 무엇보다 큰 슬픔은 하루아침에 이웃이, 친지가, 가족이 시신으로 구급차에 실려가는 상황을 그저 바라보아야만 했던 것이다. 경제 활동이 마비되어 많은 사람들이 생활고에 시달리고 자살도 이미 흔한 일이 되었다. 2020년 1월부터 2022년 봄까지, 인류는 망연자실, 하루하루 진화하는 바이러스의 위세에 무력하고 허망했다.

우리 공연단은 외출을 통제하고 자연에서의 합숙연습을 선택했다. 일주일에 한 번 외출에서 돌아오면 대량 구입한 자가진단 기구를 동원하여 모두 테스트 결과를 공유했다. 조를 나누어 보름 동안 야외 농부들의 텃밭 일을 도우면서, 힘들었지만 바이러스에 대항하는 기초체력도 다졌다. 한 달의 합숙, 열흘 동안의 공연 일정을 소화하면서 45명에 달하는 공연 멤버는 전원 무사히 바이러스를 이겨냈다.

세상은 이렇듯 재앙이 넘쳐나는데 공연을 준비하는 우리의 의지는 남달랐다. 이 어려운 시기에 국가기관의 지원 혜택을 받았으니 나눠야 한다 생각했다. 정부의 방역 지침에 따른 좌석 수 제한으로 그 큰 야외극장에서의 총 9회 공연은 겨우 유료 관객 800석만을 허가받은 터였다. 그러나 나는 기획실에 지시해 500석 티켓을 문화 소외 계층의 시민들에게 무료로 나눠 주도록 했다. 다문화가족, 청소년 보호시설 학생들, 각 종교단체의 구호시설, 장애인 협회 등에 연락했고 많지는 않지만 그들이 모여들었다. 내로라하는 자원출연진들도 모여들었다. 박정자 선생님, 김명곤 선생님, 남명렬 후배, 박미용 후배가 그들이었다. 악화가 양화를 구축한다고 했던가? 이런 의지로 모여 사력을 다한 까닭이었을 것이다. 공연은 대성공이었고 그 짧은 순간에 일반 관객도 몰려들었다. 일반 관객으로부터 '드디어 우리가 잃어버린 연극을 보았다'는 감사의 리뷰를 접하며 2021년 문화비축기지에서 이루었던 우리가 서로를 알았던 시간은 우리의 가슴에 큰 흔적을 남겼다. 불씨로 그렇게 영원히….

비바람이 몰아치는 날도 우리는 공연을 포기하지 않았다. 위험할 경우 중간에 멈추더라도 시작하자고 했다. 그날도 포기하지 않고 모여든 관객들에게 양해를 구했다.

"이 빗속에서도 저희는 공연을 포기하지 않고 최선을 다하겠습니다만 여러분들 생각은 어떠신지요? 혹시 관극 포기를 원하시면 그래도 됩니다."

그런데 아무도 돌아가겠다는 사람이 없다. 관객에게 우비를 나눠주고 쏟아지는 빗속에서 공연을 시작했다. 그런데 희한한 광경이 벌어졌다. 비 맞고 열연하는 배우들을 위해 관객 하나하나가 우산을 거두기 시작하는 것이다. 그리고는 마침내 객석에는 우비만을 입은 채 비를 맞고 있는 관객들의 감동적인 그림이 펼쳐졌다. 이 암울한 시기에 사투하는 예술가들의 도전과 그에 맞서 응전하는 관객은 멋졌다. 누구의 지시도 아니고 자발적으로 우리의 모든 이상은 합일을 이루었다. 그리고 그누구의 연출도 없이 객석과 무대는 함께 최선의 공연을 이룬 것이다. 객석 뒤에서 비를 맞으며 공연 진행을 하던 나의 얼굴은 빗물 때문인지 눈물 때문인지 뜨거웠다. 그 끝에 부르르 마음이 떨렸다.

허세와 위선 덩어리, 무능한 정치인들이여, 들어라! 우리 국민은 참으로 선량하고 품위 있으며 무엇보다 의리와 깊은 정이 있으니 제발 그대들의 권력 수호 의지로 선동하지 말라! 편 가르지 말라!

〈우리가 서로 알 수 없었던 시간 2021〉, 장재승

축배의 노래

노동과 생산에 급급했던 산업화 시대의 역경을 헤쳐오면서 우리가 잃어버린 것이 있다면 시민의 축제 의식이다. 세상은 빠른 속도로 진화하는데 프로그램도 진행방식도 죄다 똑같이 박제화된 축제는 숫자를 셀 수 없을 만큼 많다. 기쁨이 솟는 날에 기쁨의 크기만큼 자유롭고 향기로우며 신나고 아름다운 축제는 어디 있는가? 그럼에도 불구하고 온 천지에 벼라별 축제들이 난무하는 이 현상은 뭐지?

신학자 하비 콕스는 "축제란 '그 무엇'인가에 대해 경축을 목적으로 한다 해도 그 자체가 목적이 아닌 무엇인가에 '대한' 우리의 기쁨을 표현함이었다."고 말한다.

놀이의 맛과 멋과 흥을 기리던 우리 조상들의 여유는 근본적으로 삶에 대한 환희와 긍정의 소산이었다. 모든 제의는 희망적이다. 공통의 염원과 기도가 있기 때문이다. 이상은 합일된 공통의 것이기에 유희적이고 즐겁다. 먹고 마시고 노래하고 취하고, 이 모든 것은 자연스럽게 자발적이다.

삶에 대한 경배가, 희망이 있는 곳에 축제가 있다. 축제도 일종의 사회적 현상이라는 사실을 고려해 보면 이렇게 틀에 박혀 강요당하는 축제가 난무하는 이유도 설명이 된다.

환상의 부재다. 환상이란 현실에는 찾을 수 없는 미래에 대한 희망으로 생명에 대한 긍정과 환희에서 출발한다. 그렇다면 환상이 없다는 것은 무엇을 의미하는가. 축제의 진정성을 잃어가는 우리에겐 삶에 대한 절망과 좌절이 만연하다는 것을 의미한다. 의식의 저변에 절망과

고함과 야유와 저항이 도사리는데 무슨 축제?

거기 버드나무에 우리가 우리의 수금(竪琴)을 걸었나니

이는 우리를 사로잡는 자가

거기서 우리에게 노래를 청하고

우리를 황폐케 한 자가 기쁨을 청하며 말하기를

'우리에게 시온의 노래를 하나 부르라' 함이로다

우리가 이방에 있어 어찌

야훼의 노래를 부를까 보냐?

〈시편〉의 한 구절을 읽으며 더 이상 노래 부르지 못하는 우리 자신의 얼굴을 비춰본다. 이 땅에서 동시대를 살면서도 함께 연주하고 노래하지 못하는 우리는 서로에게 이방인이 되었다.

자, 질문을 할 때다. 깨어 있는 사람, 아는 사람, 현자들은 나서서 제발 질문을 해주기 바란다.

왜?

〈우리가 서로 알 수 없었던 시간 2021〉, 정동환

WE & WE?
2023

그러나 나는….

성경에서의 빛과 소금을 생각했다.

은밀하게. 나만의 비법으로 빚은

빛과

소금.

짜릿하게 관객은 그것을 체험한 것이다.

단 하루,

한 시간 동안.

리움미술관 마우리치오 카텔란 전시장에서

〈WE&WE?〉 포스터, 박정자

WE라는 공동체,
위선이라는 또 하나의 이름

가벼운 익살 안에 조롱과 야유와 냉소가 난무하는 마우리치오 카텔란의 전시장은 WE라는 명제 아래 흘러간 시간에 내재한 폭력과 위선의 굉음을 직시했던 나의 작업 〈우리가 서로 알 수 없었던 시간〉의 잔상이 짙게 묻어 있었다.

우연이었으나 마치 그가 내 공연을 보지 않았나 싶었던 착각이 들 만큼 그의 오브제들은 커다랗게 내 공연의 주제와 묘사를 닮았다.

'이곳에서 공연했으면 좋겠다.' 생각 없이 툭 내뱉었다. 왜냐하면 카텔란의 물성(物性)과 김아라의 인간(人間)이 접목되는 환한 그림이 바로 연상되었기 때문이고, 그것이 우리를 어디론가 데려다주리라는 직감이 들었으니까.

극히 일부분이지만 함께했다. 이 작업은 카텔란의 유령 비둘기가 되어버린 인간의 전설에 대한 나의 현장 삽화이다. 의인화된 유령 비둘기는 다수의 인간 군상들의 익명성으로 전형되고 그들은 특별하지 않다.

그들은 관람객 무리와 함께 걸으며 전시장에 존재할 것이다.

그들의 익명성은 누가 규정하는가?

냉소의 시선으로 일상의 폭력성을 일깨웠던 나와 카텔란은 한 족속이 되어 시선의 방향이 극대화되는 한 지점, 도착 지점을 바라본다.

(2023년 2월 김아라)

카텔란

우연히 리움미술관에 갔다. 카텔란의 명성이야 익히 알고 있었지만 처음으로 대면하는 그의 작업은 역시 시원하다. 예술가들끼리 에너지가 통하면 세상을 전복하는 아이디어쯤이야 간단하다. 이렇게 쉽게 연출 플랜을 짜고 이렇게 간단한 연습을 통해 이렇게 관대한 관객 사랑을 받은 적은 별로 없었지만 그런 현실이 리움미술관에서 벌어졌다.

공연을 위한 특별한 대책은 전무했다. 나는 미술관 측에 특별한 공연 준비를 전혀 요구하지 않았다. 평상시의 관람객 호스팅에서 조금도 다르지 않게, 문을 여는 시간에 모여드는 관람객 사이로 쥐도 새도 모르는 연극은 시작되었다. 마치 카텔란의 작품 속에서 튀어나온 인물이나 오브제와 같은 유형의 존재감들이 지하에서 1층과 2층 로비와 현관까지를 점령하고, 관람객이 예측하지 못하는 방향에서 관람객과 함께 걷기만 했을 뿐이다.

우리는 존재감만으로 카텔란의 실종과 학살과 위기의식과 참변과 우울과 항변을 넌지시 표현했다. 단연 그와 일치하는 나의 위트는 소금 같은 양념이었다. 한 사람은 전체가 되고 개인은 무리가 되고 불안과 위기 같은 불확실한 존재감들이 되는 과정을 관람객들의 호흡에 맞추어 무리 없이 표현했을 뿐이다. 그렇게 나는 전반적으로 너스레를 떨었다.

그러나 나는….

성경에서의 빛과 소금을 생각했다.

은밀하게. 나만의 비법으로 빚은 빛과 소금.

짜릿하게 관객은 그것을 체험한 것이다.

단 하루, 한 시간 동안.

리움미술관 마우리치오 카텔란 전시장에서.

유령이라는 제목의 비둘기 천 마리가 전시장 전체 여기저기에 깔려 있다. 낯선 존재와의 공존을 다룬다 한다. 심지어 아트숍의 천장도 그들이 점령했다. 베르나르도 베르톨리치의 〈노베젠트〉라는 제목의 말은 천장에 매달려 있다. 위로 당기는 힘과 아래로 끄는 힘 사이에 존재하며 이상과 몰락을 동시에 표현한다. 실제로 22세에 자살한 사진가 프란체스카 우드먼의 작품 패러디가 소포상자 안에 예수처럼 못 박힌 형상으로 걸려 있다. 간간히 귄터 그라스의 양철북에 등장하는 오스카가 위기를 알리는 북을 친다.

자, 여러분, 이러한 냉소와 도전은 세계 공통어 아닌가? 이탈리아인 특유의 해학으로 질펀한 이 메타포들을 직관하는 일은 평소 냉정한 시선으로 이 사회를 비관하는 사색가에게는 참 쉬운 일이다. 우리는 카텔란에게 열광하지만 한국의 순수예술가들에게는 매정하다. 당신의 감성을 깨워 의식을 정화시키는 순수예술이 길바닥에서 온몸으로 투쟁하는 운동가들에게 왜 한낱 비웃음거리가 되어야 하는가? 인문학이 도태되고 순수예술이 푸대접받으며 시인이 철학자가 예술가가 질식하는 사이 창궐하는 스포츠게임이나 선거에 올인하는 당신은 안녕하신가? 이 나라는 청소년 자살률 세계 1위를 자랑하는 나라임을 명심하라. 묻지마 살인에 마약중독자들이 활보하는 거리에서 이제는 아무도 믿을 수 없는 꿈이나 소망을 잃은, 홀로 외로운 우리 아이들의 소외와 고독을 누가 책임지는가?

〈WE&WE?〉, 리움미술관

〈WE&WE?〉, 박정자, 김기민

　오랫동안 그리스 프로젝트로 '오레스테스 3부작'을 준비하다가 우크라이나 전쟁 발발로 상심에 빠진 연출가는 〈페르시아인들〉로 작품을 바꿔 정면으로 난민 문제에 도전할 준비를 마쳤다. 그리고 덧붙여 또 하나의 소망이 생겼다. 전쟁터에서 세상에 경종을 울리고 신전에서 천도제 형식의 퍼포먼스를 올려야겠다는 소망이 그것이다. 2,500년 전 페르시아 전쟁을 다룬 고대 그리스 비극은 2023년 오늘의 전쟁으로 이어진다. 인류의 탄생 이래 끝나지 않는 이 전쟁의 비극은 현재 지구 곳곳에서 진행 중이다. 그리고 우리는 끊임없이 질문해야 한다.

　'왜?'

　전쟁 중인 우크라이나 키이우의 지하철역에서 일요일마다 열리는 댄스파티가 재개되었다. 남녀가 춤을 추고 청년이 꽃다발을 들고 애인을 기다리고 있다. 나는 마침 그때 열린 우크라이나 사진전에 달려갔다. 마지막 날이었다. 젊은 작가는 전장으로 달려가 사진을 찍었다. 그

두 시간 넘게 열정적으로 춤을 추는 노인들을 보면서, 어쩌면 봄은 춤을 추어야 오는 것인지도 모른다고 생각했다. 우크라이나 키이우(Kyiv), 2023. 최형락

의 작품 한 점을 샀다. 그에게 나는 처음으로 사진을 구매해준 사람이란다. 영광이다. 그는 내 책상 옆에 놓인 작품을 보면서 가슴이 뭉클하다 감동을 전한다. 위험을 무릅쓰고 전장으로 달려간 무명의 젊은 다큐멘터리 작가여, 상심하지 마라. 당신의 땀과 노력에 감동하는 사람이 이 세상에 있다.

그 외 김아라의 작업들

이 세상 끄읕 1997/ 극단 무천 5주년 기념공연(채승훈, 김철리, 김아라 공동 연출)

사천의 선인 2000/ 서울 시립극단 정기공연

레퀴엠 2001/ 극단 무천 창단 10주년 기념공연/ 아르코예술극장 대극장

성춘향 2002/ 국립창극단 초청연출/ 창극100주년 기념공연

에밀레 천년의 소리 2003/ 경주세계문화엑스포 주제공연

죽산 무천캠프 어린이 축제/ 주제공연 아침새, 봄날의 꿈

죽산 무천캠프 4계절 축제 2003, 2004/ 총제작, 연출

택견축제, 김기영 음악회, 박영란 음악회, 최종범 미디어 아트 퍼포먼스

무명시인 7인 전(김근, 김경주, 안현미, 이영주, 김중일, 최화연, 황병승)

배정혜 춤인생 55주년 기념공연 타다 남은 재 2004/ 국립무용단 초청연출

만개한 벚나무 숲 아래에서. 일본 동경 2006/ 동경 리오페스티발 초청연출

세종대왕 릉 봄날의 꿈 2007/ 한국문학나눔축제 주제공연 초청연출

나무 2010 - G20 정상회의 계기 2010/ 외교부, 국제무용협회 초청연출

요나답 2021/ 2021서울국제공연예술제 공식 초청/ 영상하일라이트공연/ 공연예정

연습중, 김아라, 박호빈과 함께

에필로그

1986~2023

그 창 아래 피아노 위에

눈길이 쉽게 머물고

가장 편한 곳에 사진 액자 하나 들어섰다.

생일 선물로 받은 사진이다.

너무나 맘에 드는 사진이라서 받자마자 불쑥

"이건 내 영정 사진이야"라고 환호했다.

작가의 얼굴엔 일순 어둠이 스쳤으나

"영정 사진, 너무나 소중한 사진이잖아, 빈소에 온 사람들이

이 웃음 가슴에 안고 가서 오래 기억해 줄 내 모습이잖아?"

〈레퀴엠〉,김금지, 권성덕, 이승옥, 남명렬, 정재진, 박상종, 전진기, 이유정

그제야 작가가 웃는다.

나는

생일날 영정 사진을 안고 좋아했다.

더는 낯설지도 두렵지도 않은,

살아서 죽어버린 내 모습.

이렇게 미리 사진 한 장 준비해놓고

아쉬움 없이 사랑한 오늘 하루도 지나간다.

더는 아름다울 수 없는 나날들이다.

2023년 11월, 겨울 햇살처럼.

〈레퀴엠〉,권성덕, 이승옥, 정재진, 남명렬, 박상종, 전진기, 이유정

충동

연출가 김아라의 드라마틱 모놀로그

1판 1쇄 2023년 12월 20일

지은이 김아라

펴낸곳 도서출판 이라운드
펴낸이 한영난
출판등록 제2023-000273호 (2023년 11월 8일)
주소 서울 마포구 월드컵로 32길 45 1층
팩스 02-6305-7232
이메일 eroundpublishing@gmail.com
인스타그램 @eroundbooks
페이스북 eroundbook

ⓒ 김아라, 2023

ISBN 979-11-985660-0-3 03680

· 책값은 뒤표지에 있습니다.